Klaus Dirschauer, * 1936, Studium der Germanistik, Psychologie, Philosophie und Theologie in Münster und Hamburg, 1964-1972 Vikariat und Gemeinde-pfarramt im Bremer Westen, 1972 Promotion zum Dr. theol. in Marburg, 1972-1999 Ausbildungsreferent der Bremischen Evangelischen Kirche; verantwortlich für die drei Phasen der praktischen und wissenschaftlichen Aus- und Weiterbil-dung der Geistlichen. Themenschwerpunkte seiner Veröffentlichungen: Altern, Sterben, Tod, Trauer, Bestattung und Rituale. 2012 erschien im Donat Verlag sein Buch „Mit Worten begraben – Traueransprachen entwerfen und gestalten".

Klaus Dirschauer

Rituale
Oasen im Leben

Mit einem Glossar zu
Festtags- und Alltagsriten

Bibliografische Information der Deutschen Bibliothek
Die Deutsche Bibliothek verzeichnet diese Publikation
in der Deutschen Nationalbibliografie; detaillierte
bibliografische Daten sind im Internet über
http://dnb.ddb.de abrufbar.
ISBN 978-3-943425-25-3

Das Bild „Feuerkreis" auf dem Umschlagtitel stammt von
„Kreative Photographie – Oliver Utz", Freiburg i.Br. Wir
danken für die freundliche Genehmigung des Abdrucks.

© 2014 by Donat Verlag
Borgfelder Heerstr. 29 D-28357 Bremen
Telefon: (0421) 1733107
Fax: (0421) 275106
E-Mail: info@donat-verlag.de
www.donat-verlag.de
Alle Rechte vorbehalten
Layout und Umschlaggestaltung: Donat Verlag, Bremen
Druck: Jelgavas Tipogrāfija SIA, LV-3002 Jelgava, Lettland

Inhalt

Für die Enkel und Urenkel

Vorwort

Es ist wie mit einem alten Zauberspruch, der immer wieder in aller Munde ist. Man benutzt ihn, ohne eigentlich zu wissen, warum. Und man tut es sogar noch gern. Mit anderen Worten: Das Interesse an Ritualen ist groß.

Nicht nur im Alter, aber vor allem dann, ist es Zeit, einmal über Riten und Rituale nachzusinnen. Sie begegnen uns in der Erinnerung der eigenen Lebensgeschichte wie in der anderer Menschen, die einem vertraut sind: Die Taufen, Konfirmationen, Hochzeiten, Bestattungen, auch die hervorgehobenen Tageszeiten, auf eine ganz besondere Weise begangen, gehören dazu. Nicht weniger gilt es, die kleinen und großen Oasen im Alltag, an denen wir uns erfrischt, Ruhe gewährt und neue Kraft geschöpft haben, wieder zu entdecken.

Wir leben in einer Zeit des Religionsersatzes und der Quasi-Rituale, heute keineswegs mehr auf die Trauerredner beschränkt, die in den Bestattungsinstituten und auf den Friedhöfen ihren Dienst tun. „Ritualdesigner" haben längst damit begonnen, anstelle der kirchlichen Passagerituale ihre eigenen Formen zu entwickeln und auf dieser Basis Lebensbegrüßungsfeiern, Adoleszenzfeste und freie Trauungen mit Eventcharakter zu inszenieren. Dem Kult ohne Gott ist Tür und Tor geöffnet. Je mehr sich aber der Mensch von seinen eigentlichen Wurzeln entfernt, umso stärker setzt er sich der Beliebigkeit und dem Austauschbaren aus. Noch immer gilt: Für wen oder was du dich entscheidest, es gewinnt Gewalt über dich. Der schottische Anthropologe James George Frazer stellte bereits 1928 in seinem Werk „Der goldene Zweig – Das Geheimnis von Glauben und Sitten der Völker" fest, dass vier Merkmale die religionslosen Kulthandlungen ausmachten: das Fehlen von Priestern, Tempeln, magischen Dimensionen und die Anerkennung von Geistern.

Mit dem Buch möchte ich darauf aufmerksam machen: Der Ritus ist die Mitte, das Herz der Religion. Durch ihn allein wird die Gottesbindung als etwas sehr Kostbares von der einen zur anderen Generation und zwischen den Geschlechtern weitergegeben. Rituale haben nicht nur eine Geschichte, sie erzählen sie auch. Ich lade Sie herzlich ein, mit mir – www.dirschauer.info – über Ihre Erfahrungen zu sprechen.

Klaus Dirschauer, im Sommer 2014

Was ist ein Ritual?

Am Morgen und am Abend

Ist das morgendliche Gewecktwerden, das Aufstehen und Zähneputzen, die Yoga-Übung, und die Morgentoilette bereits ein Ritual? Oder ist es bloß eine täglich wiederkehrende Gewohnheit? Übernimmt der Moderator im Radio oder Fernsehen das Ritual der morgendlichen Begrüßung? Vollzieht die Mutter, die ihrem Kinde vor dem Einschlafen eine Geschichte erzählt oder vorliest, ein Abendlied anstimmt oder ein Nachgebet spricht, bereits ein Ritual? Oder ist es nur der Wunsch, am Abend endlich einmal ein wenig Zeit für sich selbst zu finden?

Die Fragen beziehen sich auf den Anfang wie auf das Ende des Tages. Dabei geht es offensichtlich um den Tag-und-Nacht-Wechsel, um das Aufstehen und Zur-Ruhe-Kommen des Leibes, der Seele und des Geistes. Geschieht beides nicht durch das Radio, sondern durch einen anderen Menschen, so stellt auch die morgend- und abendliche Unterhaltung eine feste Größe dar.

Ähnlich verhält es sich bei den Eheleuten, die sprichwörtlich *„die Sonne über ihrem Zorn nicht untergehen lassen"* (Epheser 4, 26). Versöhnt schläft es sich wohliger, und morgens erwachen sie heiterer. Derartige Übergänge sind mit Ritualen verbunden – wiederkehrenden Sätzen und Antworten. Der Tag und die Nacht nehmen dadurch eine bestimmte Gestalt an, sie verleihen ihnen Gesicht und Struktur. Die Art und Weise miteinander umzugehen, hilft, Probleme in der Familie, der Beziehung oder dem Freundeskreis zu erkennen und sie zu lösen. Die Wissenschaftler sprechen von Passageritualen.

Es gibt offenbar ein Bedürfnis des Menschen nach bestimmten Ritualen. Angeregt hat die Diskussion vor hundert Jahren der französische Ethnologe Arnold van Gennep mit seinem Werk *„Les rites de passage"* (1909). Die deutsche Übersetzung erschien erst 1986 unter dem wegweisenden Titel: *„Übergangsriten."* Der Völkerkundler vertrat die Auffassung, dass die Geburt, Namensgebung, Einweihung, Hochzeit, Krankheit und Genesung, der Antritt und das Ende einer größeren Reise, der Kriegsausbruch und Friedensschluss, der Tod und die Bestattung nicht bloß erlebt, sondern auch begangen werden müssten. Seither spricht man von *Passageriten.*

Das Ritual ist ein sozialanthropologischer Begriff. Er ist aus den Putz- und Balzbewegungen von Vögeln von dem englischen Biologen Julian Sorell Huxley 1923 abgeleitet worden. Seine Definition lautete, dass ein Verhalten, welches auf eine Signalwirkung zielt und auch bei anderen zu beobachten ist, den Charakter eines Rituals erfüllt. Beispielsweise kann der Kniefall als eine Demutsgeste, das Hutlüften, das Berühren der Kopfbedeckung mit der Hand oder das Hochklappen des Ritterhelms als Gruß verstanden werden. Noch heute hebt der Sportfechter seine Maske hoch, wenn er seinen Gegner begrüßt.

In der modernen, funktional ausgerichteten Welt sind die Rituale nicht mehr ohne weiteres erkennbar. Viele sind für uns so selbstverständlich, dass wir sie beiläufig ausüben, ohne uns dessen bewusst zu sein. Sie als solche wahrzunehmen, ist eine seltene Kunst. Und doch ist das Verlangen nach ihnen groß. Vermutlich deshalb erfreut sich heute beispielsweise das Pilgern so großer Beliebtheit; traditionell findet es auf den immer gleichen Wegen statt, man rastet in vorgesehenen Gasthäusern und reist mit Gleichgesinnten. Sich auf die Fährte eines großes Vorgängers zu begeben, stellt nicht nur eine geografische, sondern in gewisser Weise auch eine geistige Nachfolge dar.

Tischgemeinschaften

Gilt der festlich gedeckte Tisch, mit dem die Frau ihren Mann an ihrem Hochzeitstag zum Abendessen überrascht, schon als ein Ritual? Ist der liebevoll gedeckte Frühstückstisch zum Geburtstag es bereits? Derartige Aufmerksamkeiten umgeben den Alltag zudem mit festlichen Lichtern und beleben die Erinnerungen an ebendiese Tage.

Selbstverständlich erfordern rituelle Akte die Beteiligung aller Zugehörigen. Die Wechselseitigkeit besteht darin, etwas für seine Mitmenschen um der Gemeinschaft willen zu tun – Aufgaben und Vorbereitungen, zu denen andere weniger oder gar nicht in der Lage sind. Ein neutestamentliches Beispiel hierfür ist die Geschichte von Martha und Maria (Lukas 10, 38-42). Sie handelt von zwei Schwestern, die Jesus und ihren Jüngern eine Bleibe für die Nacht bieten. Während die eine, Martha, sich um das leibliche Wohl der Gäste kümmert, kocht und Betten herrichtet, sorgt sich Maria um deren Betreuung, schenkt ihnen Aufmerksamkeit und Unterhaltung. Die *umkehrbare* Tischgeschichte ist ein Lehrstück für Arbeitsteilung[1] – oder ein Mahnbeispiel für die Verweigerung derselben; Maria hilft ihrer Schwester schließlich nicht bei den Haushaltsarbeiten. Ihre Namen sind voller Bedeutung. Maria ist die griechische Übersetzung des hebräischen Marjam. In den Namen drückt sich ein Widerspruch aus: bitter und widerspenstig, wohlbeleibt und prächtig. Marias alttestamentliche Namensschwester ist Mirjam, die Schwester Moses, die nach dem Gang des Volkes Israel durch das Rote Meer ein Loblied (2. Mose 15, 1-18) anstimmt, das fortan ihren Namen trägt: Das *Mirjamlied*. Marthas Name kommt aus dem Aramäischen und heißt so viel wie Gebieterin, Herrin.

Eine Suppe für die erkrankte Nachbarin zu kochen, die sich vorübergehend nicht selbst zu helfen weiß, erhellt auch den eigenen Alltag. Die biblische Aufforderung zur Nächstenliebe bezieht sich im ursprünglichen Sinn des Wortes auf die Nachbarn. Es kann zu einem Ritual der Barmherzigkeit werden. Matthias Claudius schreibt 1779 noch wie selbstverständlich im letzten Vers seines Liedes *„Der Mond ist aufgegangen"* (EG 482):

So legt euch denn, ihr Brüder,
in Gottes Namen nieder;
kalt ist der Abendhauch.
Verschon uns, Gott, mit Strafen
und lass uns ruhig schlafen.
Und unseren kranken Nachbarn auch.

Freunde, von denen man hört, dass es ihnen nicht so gut geht, spontan zum Essen einzuladen, ihnen zuzuhören und ihre Sorgen zu teilen, mag ihnen durchaus helfen, die Krise zu überwinden – geteiltes Leid ist sprichwörtlich halbes Leid.[2] Solch außergewöhnliches Beisammensein vermittelt nicht nur Beistand und Nähe, es erinnert auch an ursprüngliche Gemeinschaftsrituale – miteinander essen, trinken und reden kann auch selbst den Rang einer Ritualgemeinschaft annehmen.

Früher hat man Mahlzeiten mit dem Tischgebet begonnen. Entsprechend sind die Tischsitten ausgerichtet gewesen; in engem Zusammenhang stehen auch das kulturelle und gemeinschaftliche Ethos. Eng damit verwoben sind die Glaubensfeste, die seit Langem einen festen Sitz im Leben innehaben. Ein jedes hat einen besonderen konkreten Ritualablauf.

Ritualabläufe spiegeln sich von den Symposionszenen der Dichtungen Homers und Platons bis hin zum römischen Dichter Claudian wider. Vergleichbare Vorgänge finden sich in den Beschreibungen des Passafestes und der Sabbatabendmahlzeit der Juden, im Sakrament der Abendmahlsgottesdienste und in den Agapefeiern mit den Armen in der Gemeinde wider, die ursprünglich miteinander verbunden waren. Sie reichen bis zu dem abendlichen Fastenbrechen und dem Ende des Fastenmonats Ramadan im Islam.

Die Situation ist folgende: Ein Ehepaar wird zum Abendessen eingeladen. Nach dem Willkommensgruß im Wohnzimmer mit einem Glas Sekt und etwas Smalltalk, erfolgt die Bitte, am Tisch Platz zu nehmen. Nun überrascht der Hausherr mit dem Satz: *„Ich möchte gern ein Tischgebet sprechen."* Es besteht aus einer Umschreibung der vierten und fünften Bitte des Vaterunsergebets:

Zwei Dinge, Herr, sind not,
die gib nach deiner Huld:
Gib uns das täglich' Brot,
vergib uns unsere Schuld.

Während die Hände der Gastgeber gefaltet sind, bleiben die der Besucher teilnahmslos auf dem Tisch liegen. Nach dem Gebet fassen sich alle an den Händen und wünschen sich Gesegnete Mahlzeit! Verlegenes Schweigen. Schließlich sagt die eingeladene Frau: *„Das finde ich schön. Es erinnert mich an meine Kindheit. Zu Hause haben wir auch immer gebetet und im Kindergarten einander die Hände gereicht und fröhlich guten Appetit gesagt."* Es ist ein Begrüßungsritual ganz besonderer Art. Immer dort, wo religiöse Sitten im Alltag auftauchen, kommen Glaubensrituale zur Sprache.

In den drei verwandten Religionen der Juden, Christen und Muslime sind es Bitt- und Dankrituale am Morgen und Abend oder zu Tisch; Gäste werden mit Segensworten willkommen geheißen und wieder verabschiedet. Das Tischgebet unterbricht den alltäglichen Ablauf, sich zu setzen, einen guten Appetit zu wünschen und dann zu essen und zu trinken, und verleiht ihm bewusst einen religiösen Charakter. Gerne folgt die Gretchenfrage: *„Nun sag, wie hast du's mit der Religion?"*[3]

Die Frage nach dem Glauben erfordert Toleranz. Immerhin für das Gegenüber, wenn schon – möglicherweise – nicht für seine religiösen Ansichten. Die

Religiosität hängt von den Lebenserfahrungen ab, und darauf gilt es zu achten, Rücksicht walten zu lassen und Verständnis aufzubringen.

Ein Brauch wie das Tischgebet ist primär durch Ritualpraxis überliefert. Die Riten als solche sind in der Regel sehr alt, die religiösen Unterweisungen hingegen sehr jung – ein Umstand, der auch mit allmählichem Religionsverlust zu tun hat. Wenn Menschen Zeremonielle vernachlässigen, beteiligen sie sich nicht weiter am Überlieferungsprozess. Paradoxerweise pflegen viele Agnostiker und Atheisten dennoch Gewohnheiten wie beispielsweise das Weihnachtsfest – allerdings ohne sich der Hintergründe und des Ursprungs der Feier noch bewusst zu sein. Doch kommen sie nicht vollständig davon los; religiöse Rudimente und Symbolsplitter bleiben bestehen.

Kindheitsmuster

Kinder leben noch in ihrer eigenen Vorstellungswelt. Der Zugang zur Wirklichkeit wird ihnen durch wiederkehrende Liedrituale erleichtert, sie gewinnen durch die Melodien und Worte ein besseres Verständnis für die Geschehnisse. So zeigen etwa Lieder wie *„Alle meine Entchen schwimmen auf dem See"*, *„Alle Vögel sind schon da, alle Vögel, alle"*, *„All Morgen ist ganz frisch und neu, des Herren Gnade und große Treu"* oder *„Alle guten Gaben, alles was wir haben"* den Kindern die tages- und jahreszeitliche Wiederholung des Lebensrhythmus auf. Intuitiv spüren sie, wann es *„Schneeflöckchen, Weißröckchen"*, *„Liebe, liebe Sonne, komm ein bisschen runter, lass den Regen oben, dann wollen wir dich loben"* und *„Komm, lieber Mai, und mach die Bäume wieder grün"* zu singen gilt. Wohingegen *„Im Märzen der Bauer die Rösslein einspannt"*, *„Wir sagen euch an den lieben Advent"* und *„St. Martin ritt durch Schnee und Wind"* von den Eltern oder Großeltern zu erklären sind, um ihr Weltbild zu bereichern.

Kinder haben ein untrügliches Gespür für die Stimmigkeit der mündlichen Überlieferung. Von den ersten Lebensjahren an legen sie bereits Wert darauf, dass die Geschichte wortwörtlich vorgelesen, das Lied in Melodie und Wortlaut ohne Textabweichungen zu singen ist. Sie nehmen mit großem Eifer am Spiel teil und achten darauf, dass die Regeln ja nicht verletzt werden. Auch die äußeren Umstände müssen stimmen: *„Die güldne Sonne voll Freud und Wonne"* klingt beim Anblick eines Sonnenaufgangs in der freien Natur anders, als in der Wohnung oder dem Klassenzimmer.

Kinder erschaffen sich mit den angeeigneten Ritualen spielend die eigene Wirklichkeit. Sie erinnern in ihrer Unbekümmertheit die Eltern an die Zeit, als sie im gleichen Alter waren. Melodien und Gedichte kehren ins Gedächtnis zurück.

Eine glückliche Kindheit erscheint wie ein einziges großes Welterschlie-ßungsritualspiel. Besonders in den frühen Jahren entdecken die Kinder die Welt auf dieselbe Art und Weise wie schon etliche Generationen vor ihnen. Sie durchleben einen Ritus, ohne davon zu wissen – ja sogar, ohne das Wort über-haupt zu kennen. Sie sehen, hören, berühren, um neue Erfahrungen zu machen und erhalten von den Eltern Hilfe und Anleitungen. Auch die Großeltern wir-ken bei der Überlieferung von Gebräuchen und Traditionen mit. Es mag ihnen sogar leichter fallen, da ihr Hauptanliegen nicht die Erziehung der Enkel ist.

Später büßen die Kinder ihre Unschuld und Unbekümmertheit weitgehend ein. Mit der Pubertät und dem Erwachsenwerden stehen sie der eigenen Vergan-genheit kritischer gegenüber. Neben dem Hinterfragen der Dinge, früher ein-fach hingenommen und akzeptiert, geht die Entdeckerlust ein wenig verloren; dafür treten die Fragen, Aufgaben und Sorgen des Erwachsenseins in den Fo-kus. Jean Paul Friedrich Richter formulierte treffend: *„Die Erinnerung ist das einzige Paradies, aus welchem wir nicht vertrieben werden können. Sogar die ersten Eltern waren nicht daraus zu bringen."*[4]

Rituale sind Kindheitsmuster, jede Generation übt sie neu ein, und sie über-liefern sich durch den bloßen Vollzug von selbst. Es bleibt weniger kognitiv, als vielmehr prozedural im Gedächtnis.[5] Anfänglich das Einschlaf- und Aufweck-ritual, dann die Tischsitten, später im Kindergarten und in der Schule auch ver-schiedene Begrüßungs- und Abschiedsweisen.

Zwar sind für Kleinkinder die Tage durch die Tag-Nacht-Wechsel vonein-ander getrennt, doch noch ist das Wochentags-Konstrukt nicht greifbar. Die einzige Ausnahme stellt der Sonntag[6] mit seinen Bräuchen und Eigenarten dar. Er gibt eine zeitrituelle Orientierung. Es sind alle Zuhause, niemand ist in der Schule oder arbeitet. Die Kinder besuchen die Eltern morgens im Bett oder es wird ausgeschlafen. Nach dem Aufstehen folgt ein längeres Frühstück und – je nach religiöser Überzeugung der Eltern – der Gang zum Gottesdienst.

Ebenso ragen die Geburts- bzw. Namenstage aus dem Alltag heraus. Von frühester Kindheit an kommen dem Erteilen und Erhalten von Glückwünschen und Geschenken eine gemeinsame und manchmal auch religiöse Bedeutung zu. Einen Glückwunsch auszusprechen und ein Geschenk persönlich zu überreichen, ist eine ungewöhnliche Art des Begrüßungsrituals; die erwiderte Danksagung ebenfalls. Solch festliche Aufmerksamkeit wird bis ins hohe Alter gepflegt.

Der Geburtstagstisch mit den Blumen, den Kerzen und dem Kuchen, mit den hübsch eingepackten Geschenken und den geschriebenen Glückwünschen – sozusagen den Ritualtexten eines besonderen Tages – spielt dabei eine große Rolle. Er hebt noch einmal hervor, dass es bei der Feier um eine ganz bestimmte Person geht.

Kulturell ist das Schenken[7] zweifellos ein archaisches Versöhnungsritual, das im Gelingen und im Misslingen wie ein Kindheitsmuster die ganze Lebensgeschichte begleiten kann. Sprachgeschichtlich beziehen sich die Worte *schenken*, *Geschenk* und *Schenke* auf den Tisch und weisen damit auf ein Gemeinschaftsritual wie beispielsweise in Psalm 23, 5, hin: *„Du bereitest vor mir einen Tisch im Angesicht meiner Feinde. Du salbest mein Haupt mit Öl und schenkest mir voll ein."*

Das Teilen, von frühester Kindheit an geübt, ist im Grunde eine entschärfte Variante der Opferung. Ebenso wie bei dem religiösen Opfer am Altar verfolgt das zwischenmenschliche Beschenken den Zweck, das Gegenüber zu erfreuen und dabei Akzeptanz und Hochachtung des anderen zu finden. Solchen Gesten folgt gewöhnlich ein gemeinsam eingenommenes Getränk, ein Essen oder wenigstens ein Gespräch. Es wird als eine besondere Form der Tischgemeinschaft erlebt.

Grundrituale in der eigenen Lebensgeschichte

Das Begrüßungsritual

Kommt ein Mensch zur Welt, so findet er seine Muttersprache als *Haus des Seins* vor.[8] Die Eltern rufen das Kind bei seinem Namen, einschließlich der Kosenamen, mit denen es vor oder nach der Geburt versehen worden ist. Das geschieht alles mit liebevollen Berührungen und Verrichtungen, die dem leiblichen und seelischen Wohl dienen. Es wird gestillt, gereinigt, gewickelt, gepflegt, liebkost und immer wieder angesprochen.

Der Geburtsvorgang selbst stellt noch kein Ritual dar. Daran schließt sich die Begrüßung an, die sich allein auf den Lebensanfang bezieht, so wie die Bestattung mit dem Tod und dem Lebensende einhergeht. Eingebunden zwischen dem Schwellen- und Abschiedsritus, erwächst das Ritual der Gemeinschaft. Namensgebungen spielen auch religionsgeschichtlich eine große Rolle; die Benennung der Gottheiten geht aus der dialogischen Existenz hervor. Ohne Namen bliebe Gott nur ein Gattungsbegriff, ebenso wie der Mensch, das Tier oder die Pflanze.

An dieser Stelle nehmen in den Religionen die sogenannten Initiationsrituale eine wichtige Rolle ein, mit denen die Namensgebung am Lebensanfang verbunden wird. Die Initiation leitet sich von dem lateinischen Verb *initiare* ab, was *anfangen*, *einführen*, *einweihen* bedeutet. Initiationsrituale sind die Beschneidung am achten Tage nach der Geburt im Judentum, das Sakrament der Kindertaufe im Christentum, das Ritual der Inpflichtnahme unmittelbar nach der Geburt im Islam.

Der Name, den der Mensch bei seiner Geburt erhält, ist fortan ein elementarer Bestandteil seines Lebens und die Grundlage der *dialogischen Existenzweise*, die uns auszeichnet. Inhaltlich führt uns das der Gebrauch kirchlicher Riten vor Augen: Mit der Taufe wird das Kind zum ersten Mal in der Gemeinde offiziell bei seinem Namen gerufen. Bei der Konfirmation sind die Jungen und Mädchen persönlich aufgefordert, sich zu ihrem Glauben zu bekennen und den Segen zu empfangen. Der Pastor bittet das Paar am Traualtar namentlich, sich füreinander zu entscheiden. Bei der Beerdigung spricht Gott durch den Propheten Jesaja (43, 1) zu dem Verstorbenen: *„Ich habe dich bei deinem Namen gerufen, du bist mein."*

Alle Rituale zeichnen sich durch Übergange aus; sie tragen ihren Anfang wie ihr Ende bereits in sich. Sie erleichtern die Trennung nach einer Begegnung, soweit die Begrüßung und auch der Abschied bewusst und zugewandt stattfinden. Mit Grußritualen bekunden Menschen, die einander auf dem Bürgersteig, auf der Straße, am Tor, an einer Tür, auf einem Platz, in einem Raum begegnen, ihre Achtung voreinander: *„Guten Tag. Grüß Gott. Hallo. Moin. Servus. Salu."* Die Abschiedsrituale wiederum setzen einem gemeinsamen Wegabschnitt ein freundliches Ende: *„Ade. Adieu. Addio. Auf Wiedersehen. Leb wohl. Bis bald. Bye-bye. Cheerio. Ciao. Machs gut. Tschüs. Behüt dich Gott. Auf Wiederschauen. Pfiat' Di. Servus."*[9]

Grußrituale überliefern sich selbst durch die bloße Anwendung. Ihr besonderer Wert liegt darin, dass Menschen einander begegnen und einen Augenblick den eigenen wie den anderen Lebensweg kreuzen.

Das Einschlafritual

Die Eltern, die sich die Zeit für das abendliche Einschlafritual ihres Kindes nehmen, helfen ihm beim Übergang zum nächtlichen Schlaf. Dazu gehören die Vorbereitungen des Zu-Bett-Bringens im Bad und im Kinderzimmer, bei denen das Kind von den Erlebnissen des Tages erzählt und Fragen stellt.[10] Das kann im Bett noch eine Weile so weitergehen, aber auch das Singen eines Schlafliedes, das Vorlesen einer Geschichte oder – in manchen Familien – das Sprechen eines Nachtgebets können dabei eine wichtige Rolle einnehmen. Inmitten einer solchen Kinderwelt ist Gott noch leibhaftig gegenwärtig. Die Eltern, die in einer Zwiesprache mit Gott stehen, sind des Kindes erste Garanten für ihn, und es ist noch ganz geborgen. Alles endet schließlich mit einem Gutenachtkuss und einem Gute-Nacht-Wunsch. Das Kinderzimmer ist zum Schlafzimmer geworden.

> Das frühkindliche Einschlafritual mit der Grunderfahrung intensiver Nähe eines vertrauten Menschen kann zu einem Verhaltensmuster für das ganze Leben werden. Es reicht vom Krankenbett der Kindheit, an dem die Mutter über den Schlaf

gewacht hat, bis zum Ehebett, in dem die Partner einander zärtlich eine gute Nacht wünschen. Von dem Krankenhausbett, an dem die Schwester den Patienten für die Nacht versorgt, bis zum Sterbelager, an dem einfach nur jemand da ist, wenn es am Ende darum geht, sich für immer zu verabschieden: *„Tod und Schlaf sind Kinder von zwei Vätern und einer guten Mutter."[11]*

Der nächste Tag beginnt mit einem Aufweck- oder Begrüßungsritual, wie der letzte geendet hat – bloß in umgekehrter Reihenfolge. Die Mutter hilft dem Kind, wach zu werden, zieht es an, kämmt es und bereitet das Frühstück vor, ehe sie es in den neuen Tag entlässt.

Rituale erleichtern das Zusammenleben. Bestimmte Sitten und Redewendungen haben sich bewährt, um z.B. einen Streit zu schlichten, beim Einschlafen und Aufwachen zu helfen oder um die Gefühle von zwei Liebenden auszudrücken. Sie vertreten Handlungen und Emotionen, die sich nur schwer in Worte fassen lassen. Im besten Falle tragen sie dazu bei, dass Menschen wieder zueinander finden. Eines der ursprünglichsten Rituale ist das Gebet, das Gespräch mit Gott. Heute beansprucht man es überwiegend in ausweglosen Situationen, verfehlt dann aber seinen eigentlichen Sinn.

Ein Ritual am Anfang des Tages oder an seinem Ende schafft Raum zur Besinnung und Begegnung. Das funktioniert oft selbst noch in extremen Notlagen. Aber ist das Beten in schweren Zeiten beliebig wiederholbar? Die folgenden Redensarten melden eher Zweifel an: *„Hier hilft nur noch beten. Not lehrt beten. Beten und Harren, macht manchen zum Narren. Da hilft auch alles Beten nichts, da muss Mist hin."*

Hinter solchen Sprüchen verbirgt sich ein funktionales Verständnis des Gebetes: Es dient lediglich als Mittel zum Zweck, um eine Notlage abzuwenden, so z.B. eine befürchtete schlechte Zensur in der Klassenarbeit, den Verlust der Arbeitsstelle oder die Diagnose eines Arztes, der dem Patienten eine unheilbare Krankheit mitteilt. Viele Erwachsene sind aus dem kindlichen Verständnis zu beten nicht herausgekommen. Zu einem Gebet als ultima ratio Zuflucht zu nehmen, vermag nur so viel auszurichten, wie es die Dinge zulassen.

Das Sprechen eines Nachtgebets beispielsweise überantwortet das Kind, einen nahe stehenden Menschen oder die eigene Person Gott, dem man vertraut und bei dem man sich aufgehoben weiß. Das Nachtgebet ist ein Kommunikationsritual zwischen Gott und den Menschen, das in eine existenzielle Grenzerfahrung übergeht.[12] Das Gebet der Eltern am Bett des eigenen Kindes schafft eine vertraute Umgangsweise mit Gott, die nichts dem Zufall überlässt. Die Stärke des Gebetes besteht in seiner Erneuerung und Wiederholbarkeit. Das Kind glaubt an Gott, weil es der Mutter, dem Vater glaubt. Sie geben den Glauben durch das Gebet weiter. Dabei muss es nicht unbedingt kindgerecht zugehen. Wichtig ist vor allem, dass sich dem Kind ein Gefühl für die Religion der Erwachsenen einprägt, wie es z.B. der folgende Text nahe legt:

Unser Abendgebet steige auf zu dir,
Herr, und es senke sich auf uns herab dein Erbarmen.
Dein ist der Tag und dein ist die Nacht.
Lass, wenn des Tages Schein vergeht,
das Licht deiner Wahrheit uns leuchten.
Geleite uns zur Ruhe der Nacht
und vollende dein Werk an uns in Ewigkeit.

Das Gemeinschaftsritual

Der Tisch bleibt dem Kind lange unerreichbar. Es entdeckt zunächst nur, dass unter ihm gespielt und an ihm viel geschehen kann: Am Tisch wird sich gestoßen, aufgestanden, gesessen, geschrieben, gelesen, gegessen, gerechnet, gebastelt, geschneidert, geputzt, gesprochen, gestritten, gebetet, geweint, auch wieder gelacht und einander die Hände gereicht. Das Kind weiß noch nichts von den Gästen und Festen, noch nichts von der Verwandlung des Tisches durch die langen Tücher, Kerzen und Servietten in eine festliche Tafel, an der sich alle erfreuen. Die Tisch-Redensarten[13] führen uns die Gastfreundschaft eines Festtages vor Augen und weisen uns zugleich auf die Realität des Alltags hin.

Zu ihnen gehört nicht selten die Lebenswirklichkeit der verstörten Kinderseelen, die von Mutter und Vater erfahren, dass die Eltern fortan als Mann und Frau von Tisch und Bett geschieden sind. Der Essgemeinschaft kommt offenbar eine große Intimität zu. Auf sie beziehen sich die vierte und fünfte Bitte des Vaterunsers: *„Unser tägliches Brot gib uns heute. Und vergib uns unsere Schuld, wie wir vergeben unsern Schuldigern."* An diesem orientiert sich das Ritual des Tischgebetes. Es hat den Sinn, Gott, dem Schöpfer aller Gaben, ausdrücklich für die Speisen zu danken, seinen Segen zu erbitten oder seinen Sohn Jesus Christus an den Tisch zu laden. Religionsgeschichtlich betrachtet, gehen Tischgebete auf die Vorstellung zurück, der Gottheit ein Opfermahl zu bereiten. Der Mensch weiht sich mit seinem Opfer der Gottheit. Jedes Opfer ist zugleich Selbstopfer:

Von deiner Gnade leben wir,
und was wir haben, kommt von dir.
Drum sagen wir dir Dank und Preis,
tritt segnend ein in unsern Kreis.

Rituale sprechen alle fünf Sinne an. Die Hände ineinander legen, ruhen lassen oder falten, ein Tischgebet sprechen, sich beim Essen freundlich anschauen, die Speisen reichen oder um sie bitten, danken, *„Guten Appetit"* wünschen, sich angeregt unterhalten – all das bezeugt die sprichwörtliche Wahrheit: *„Essen und Trinken hält Leib und Seele zusammen."*

Die vier Aspekte des Rituals

Grußrituale leben davon, dass Menschen einander begegnen. Sie unterbrechen den eigenen wie den Lebensweg des anderen und überliefern sich durch die ständige Wiederholung. Die umgangssprachlichen Formen sind von der Traditionspflege im Elternhaus und dem gesellschaftlichen Umfeld geprägt. Sie haben eine starke soziale Komponente und sind in ländlichen Regionen wie in der Stadt noch Brauch. Ein Fremder wird anders gegrüßt. Er erwidert den Gruß auch anders. In der anonymen Großstadt verkümmern die Grußbräuche zusehends. Aber im engeren Wohnumfeld werden sie weiter gepflegt.

Passageriturale erscheinen manchmal unüberwindlich. Über einen schmalen Steg zu balancieren, ist schwerer, als über eine Flussbrücke zu gehen. Der ungewohnte erste Schritt auf die Gangway eines Flugzeuges oder eines Schiffes ist nicht vergleichbar mit dem Besteigen eines Zuges. Stets geht es darum, ein Hindernis zu überwinden. Wie von selbst ergibt sich aus der Wiederholbarkeit des Rituals die Interaktion. Die Wechselseitigkeit und Aufeinanderbezogenheit der beteiligten Personen ist ebenso Ausdruck der Gemeinschaft wie der Individualisierung. Sie dient der Identitätsfindung.

Bei einem Empfang oder bei einer Feier, als Gast vorgestellt zu werden, steht im Mittelpunkt des Begrüßungsrituals. Natürlich kann man sich auch selbst vorstellen. In jedem Fall aber schafft es Zugehörigkeit. Es kann nach den jeweiligen Gepflogenheiten, Regeln oder Statuten der Gesellschaft, Gemeinde, Verbindung, des Vereins, Verbandes oder der Körperschaft sehr verschiedenartig ausfallen. In einen Kreis aufgenommen zu werden, bedeutet noch keine Integration.

Die Begrüßung stellt auch eine persönliche Nähe bei Menschen her, die eine längere Zeit gemeinsam unterwegs sind. Beim Fliegen betrifft das die Zeitspanne vom Abheben bis zur Landung. Die Stewardess hebt daher ihre begleitende Funktion hervor: *„Meine Damen und Herren, (liebe Kinder), mein Name ist N. N., und ich begrüße sie als ihre Flugbegleiterin ganz herzlich auf unserem Lufthansa-Flug."* Ganz anders klingt die Standardbegrüßung im Zug: *„Guten Tag, meine Damen und Herren, willkommen im Intercity Nr. Im Namen der Deutschen Bahn begrüße ich Sie."*

Ein Theaterabend stellt in der Regel eine festliche Unterbrechung des Lebensalltags dar. Die Schauspieler treten von der Bühne aus mit den Zuschauern in eine Wechselbeziehung. Wie gut oder wie schlecht das Publikum die Leistung empfindet, zeigen der Beifall, die Anzahl der Vorhänge oder die Buhrufe.

Ähnlich geht es bei einem Konzertabend zu. Die erwartungsvolle Stille hört auf, sobald das Orchester, die Solisten und der Dirigent den Konzertsaal betreten. Sie verneigen sich grüßend, und die Besucher spenden ihnen Applaus, was sie nach dem Ende der Aufführung erneut tun. Nach Zugaben erhalten die Musiker nochmals den Beifall des Publikums.

Gleichartig verlaufen die Begrüßung und Verabschiedung bei einer Buchvorstellung, Vernissage, Vorlesung, beim Vortrag oder der Eröffnung einer Messe. Selbst in einem Fußballstadion sind, wenn auch augen- und ohrenfälliger, Rituale zwischen den gefeierten Mannschaften, ihren Fankurven, dem Spiel auf dem grünen Rasen und der mental beteiligten Zuschauer beobachtbar.

Seit alters her lässt sich in den Kirchen im gottesdienstlichen Wechselgesang des Geistlichen mit der Gemeinde ein besonderer Gemeinschaftsritus mit feststehendem liturgischem Wortlaut wahrnehmen. Nach der persönlichen Begrüßung an der Kirchentür läuft im Gottesdienst alles auf die *Salutatio* hinaus: *„Der Herr sei mit euch."* Die Gemeinde antwortet: *„Und mit deinem Geiste."* Der gegenseitige Segensgruß erbittet Gottes Geist als Grundlage des gemeinsamen Betens. Dabei geht es um die Ritualkompetenz des Geistlichen und der Gemeinde. Deshalb vermag dieser nur im Konjunktiv, in der Möglichkeitsform aufzufordern: *„oremus"*, und das heißt: *„Lasset uns beten."*

Kulturgeschichtlich geht der Begriff des Rituals auf folgenden Zusammenhang zurück: Der Ritus, durch den Mythos religiös definiert, gerät nach mündlicher Überlieferung schließlich in die heiligen Schriften der fünf Weltreligionen. Im Gottesdienst ist das in der Synagoge durch die ehrfürchtige Behandlung der festlich eingekleideten Torarolle dokumentiert. In der katholischen Messe macht der Evangelienkuss auf das Buch der heiligen Schrift aufmerksam. In der evangelischen Kirche spiegelt sich die Ehrerbietung im Kanzelritual der Predigt wider, die sich als mündliches Evangelium begreift. Im Islam genießt der Koran sein großes Ansehen deshalb, weil das muslimische Leben sich in allen seinen Äußerungen auf ihn gründet. Arabische Schriftzeichen schmücken die Wände, die Decke und den Fußboden der Moschee, die als der *„Ort der Niederwerfung vor Allah"* gilt.[14]

Die Ritualkompetenz ist zunächst an die familiäre Position gebunden gewesen. Noch heute bereitet im Judentum die Mutter die Sabbatfeier vor, während der Vater das Sabbat-Ritual eröffnet. Martin Luther hatte mit dem Kleinen Katechismus noch den Hausvater vor Augen, der seiner Familie, dem Gesinde des Hofes, den Gesellen in der Werkstatt und den Gehilfen im Handelskontor vorstand und daraus vorlas. Der Ansprechpartner im Ritus ist die angerufene Gottheit. Auf sie hin konkretisiert sich der religiöse Brauch. Die Mutter, der Vater, der Hausvater oder der Geistliche vertreten dabei die Stelle Gottes; er oder sie ist in gewissem Sinne Platzhalter Gottes.

Im Ordinationsformular, das den gottesdienstlichen Ablauf der Amtseinführung eines evangelischen Geistlichen regelt, lautet der an die Gemeinde gerichtete Vorhalt: *„Ihr alle seid durch die Taufe dazu berufen, den Glauben vor der Welt zu bezeugen."*[15]

Die somatische Wirklichkeit der christlichen gottesdienstlichen Feiern der Sakramente ist an ihren Elementen – Wasser, Brot und Wein – ablesbar. Zur Taufe gehören das Kreuzeszeichen, die Namensgebung von Gott und Mensch, das in die Taufschale gegossene Wasser, die Handauflegung des Segens und das Licht der Kerze. Die Amtshandlungen erlangen durch das Öl, die Kerze, das Wasser, die Ringe, die Erde und die Hände ihre (be)greifbare symbolische Bedeutung. Man denke nur an das Wort am Grab, das den dreifachen Erdwurf begleitet: „*Erde zu Erde, Asche zu Asche, Staub zum Staube*"[16] – eine Spiritualität, die den Menschen bestimmt, die in unterschiedlichen Kulträumen und -zeiten gelebt wird. Hier findet auch das Fasten seinen ursprünglichen Sinn. Bis ins hohe Mittelalter hinein teilten die Tageszeitengebete die Stunden, ordneten den benediktinischen Wechsel von *ora et labora*, von *bete und arbeite*.

Die folgende Skizze beschreibt die Voraussetzungen, wie die vier wesentlichen Merkmale des Rituals aufeinander bezogen sind:

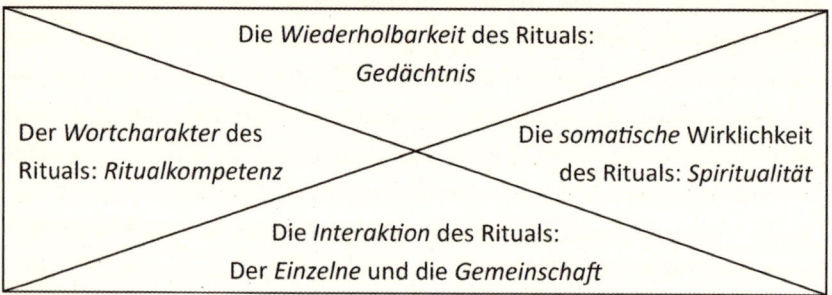

Das Zusammenspiel der verschiedenen Faktoren macht das Ritual erst möglich. Seine Wiederholbarkeit ist das Kennzeichen seines Gedächtnisses. Im Alltag begegnet uns das beim Begrüßen wie beim Verabschieden, beim Beglückwünschen wie beim Kondolieren oder in der Tischgemeinschaft des Brot- und Wortteilens. Es ist hilfreich, auf die vier Wesensmerkmale im Alltag wie am Festtag Acht zu haben, sich bewusst zu sein, sie zu pflegen und immer wieder selbst wahrzunehmen. Das führt uns nicht zuletzt vor Augen, welche segensreiche Wirksamkeit dem Ritual innewohnt.

Ritualressourcen der eigenen Kulturgeschichte

Kulturgeschichtlich bewegt sich das Ritual, ob nun religiös oder säkular fortdauernd, im Spannungsfeld von religiöser Herkunft und aufgeklärter Zukunft – ein Gegensatz, der das Verhältnis von Glauben und Denken, die traditionelle Glaubenswirklichkeit der Kirche und die gesellschaftliche Rationalität betrifft. Dabei handelt es sich nicht um einen einmaligen historischen Vorgang, sondern um einen sich ständig wiederholenden geschichtlichen Prozess. Ressourcen[17] sind immer an die eigene Kulturgeschichte gebunden.

Das Gelingen eines Alltags- oder Festtagsrituals hängt nicht vom Begreifen der Abläufe, Plausibilität oder Zweckmäßigkeit ab. Es bleibt im letzten Grunde fremd, erst die Anwendung macht es sichtbar und wirksam, wie es sich zugleich dem subjektiven Zugriff entzieht. Es ist bis zu einem gewissen Grad objektiv, durchdringt die Wirklichkeit unseres Alltags und eröffnet uns eine ungewöhnliche sowie intensive Erfahrung. *„Alltag ist nur durch Wunder erträglich"* – schreibt Max Frisch 1964 in seinem Roman *Mein Name sei Gantenbein*[18] – und besteht nicht nur aus der Wiederholung althergebrachter Gewohnheiten. Er kann immer auch Überraschungen bieten.

Dem Alltag steht – auch sprachgeschichtlich – der Sonntag entgegen. Mehr als hundert Ausdrucksformen leiten sich von dem schweizerischen Verb *„sonntagen (sun(n)tigen = die Sonntagskleider anziehen)"* ab.[19] Davon gehen 14 auf kirchliche Wortbildungen (Sonntagsandacht bis Sonntagswort) zurück, weitere 14 sind zeitliche Angaben (Sonnabend bis Sonntagszeit), 18 betonen das sonntägliche Erscheinungsbild (Sonntagshimmel bis Sonntagswetter). Auf den Sonntagsgenuss beziehen sich 20 Begriffe (Sonntagsbraten bis Sonntagszigarre). Die besondere Kleidung betreffen 34 Wortbildungen (Sonntagsanzug bis Sonntagszeit).

Unter Alltag wird heute jener Teil der Wirklichkeit verstanden, der für jedermann jeden Tag, also *alle Tage*, in einer bestimmten räumlichen und zeitlichen Regelmäßigkeit wiederkehrt. Zu ihr gehören Wohn-, Lebens- und Arbeitsorte, unterschiedliche Räume und Wege, notwendige Erledigungen, Unternehmungen und vieles andere mehr. In dieser Wirklichkeit verlaufen die sozialen Beziehungen der Milieus von Nachbarschaft, Kollegenkreis, Bekannt- und Freundschaften wie selbstverständlich ritualisiert ab. Im Alltag ist der Umgang mit anderen Personen oder die beliebig geartete Beschäftigung in Einrichtungen wie Arbeit oder Schule von der Routine bestimmt. Störungen, die auftreten, werden durch das Regelwerk des alles bestimmenden Gesamtzusammenhanges von Arbeit und Leben wie von selbst behoben oder einfach hingenommen. Akute Lebenskrisen, wie der Verlust der Arbeit, der Gesundheit oder eines geliebten Menschen, die die persönliche Existenz radikal in Frage stellen, werden letztlich durch die Alltagsroutine bewältigt. Martin Heidegger bemerkt in seinem Werk *Sein und Zeit: „Das Man lässt den Mut zur Angst vor dem Tode nicht aufkommen."*[20]

Selbst dort, wo das Ritual zur Routine gerinnt, erinnern die Lebensgewohnheiten in ihren Ausgangssituationen und Ausprägungen immer noch an ritualähnliche Abläufe. So weisen die Gewohnheiten unentwegt auf ihren ursprünglichen Charakter hin. Selbst besondere Tage der eigenen Lebensgeschichte können verblassen und in Vergessenheit geraten. Ein bemerkenswertes Ritual vermag dem Gedächtnis auf die Sprünge helfen: so der Ritualtext eines Monatsnamens oder Wochentages.[21] Die zeitlichen und die räumlichen Übergänge von Tag zu Nacht und Nacht zu Tag am oder im Bett werden vor allem durch den kontextgebundenen Wortlaut des Rituals erschlossen, beispielsweise durch einen herzlichen Morgengruß, durch ein Lied auf den Lippen, durch ein Morgengebet oder durch eine Zärtlichkeit am Bett oder im Bett eines anderen. Das trifft für die Geste des aufmerksamen Zuhörens oder Verstandenwerdens ebenso zu wie für den mit eigenen Worten formulierten Glückwunsch oder für ein Kompliment. Die Wirkung hat ihre Begründung nicht weniger in der Wiederholung als das Ritual. Das innere Bewusstsein allein ersetzt das vollzogene Ritual jedoch noch nicht.

Das gilt ebenfalls für eine persönliche Beileidsbekundung. Der Todesfall eines Menschen wird erst durch die Anteilnahme anderer, die persönlich ausgesprochen oder in einem Kondolenzgruß mitgeteilt wird, zu einem persönlichen Trauerfall.[22] Ich kann mir nicht selbst kondolieren. Durch das Begrüßungsritual empfängt der Trauernde mehr als nur seine soziale Akzeptanz, er erfährt die Solidarität anderer in der Stunde seiner Trauer. Der Mensch kann durch das mitgeteilte oder gelesene Wort der Anteilnahme aus der Selbsterstarrung seines Todesschocks erwachen. Er wird mit Namen angesprochen und vermag vielleicht zu dem ihm gesagten Wort auch eine Antwort zu geben.

Die Wiederholbarkeit – es klang schon an – ist ein charakteristisches Ritualmerkmal. Sie macht das Gedächtnis des jeweiligen Rituals aus. Der Morgengruß mag zu einer lieben Angewohnheit werden, den neuen Tag zu begrüßen. Im Leben eines Menschen gibt eine besondere Auszeichnung einem Tag eine herausgehobene Bedeutung. Es sind nicht nur die im Kalender angekreuzten Namens-, Geburts-, Hochzeits- oder Todestage gemeint. Auch kann der alltäglich gewordene Sonntag oder ein nichts sagender Feiertag, der bloß als arbeitsfreier Tag im Wochenende unterzugehen droht, ganz bewusst willkommen geheißen und auf besondere Weise begangen werden. Zu den Voraussetzungen einer stimmigen Wiederholbarkeit des Rituals gehören die überlieferten Wortlaute sowie eventuelle Melodien, Lieder und Tänze. Um diese spielend zu erlernen, ist das Kind auch heute auf die frühe mündliche Überlieferung der Eltern, vielleicht auch besonders auf die der Großeltern angewiesen. Die Interaktion zwischen Generationen und Geschlechtern stiftet das Gedächtnis der Gemeinschaft, innerhalb derer der Einzelne seine Identität findet.

Konkrete Übergänge in der Lebensgeschichte tragen fast immer einen mehr oder weniger großen Ritualcharakter. Sie deuten zumindest noch an, dass sie einmal rituell verankert gewesen sind. Der erste Tag im Kindergarten ist einst mit dem Geschenk einer kleinen ledernen Brottasche ausgezeichnet gewesen. Noch heute versüßt eine große bunte Schultüte den ersten Schultag. Häufig wird sie von den Erwachsenen bedauernd mit dem Verweis auf den sprichwörtlichen Ernst des Lebens, der jetzt beginne, kommentiert. Der stufenartige Haupt-, Real- oder gymnasiale Schulabschluss ist früher mit einem entsprechenden Reifegrad versehen worden. Die Mittlere Reife und die Reifeprüfung, das Abitur, haben dem ordentlichen Hauptschulabschluss keinen Abbruch getan. Sie alle hat man festlich begangen. Den Lehrvertrag mussten früher noch die Eltern unterschreiben, der Gesellen- oder Gehilfinnenbrief oder die Meisterprüfung wird auch heute noch begossen. Das Studium beginnt mit einer Immatrikulationsfeier in der Universität. Natürlich haben auch die akademischen Grade ihre Titelfeiern: Der Bachelor und Master, der Magister, das Staatsexamen, das Diplom, die Promotion, die Habilitation. Besondere Anfänge oder Abschlüsse werden mit dem Gestus eines Passagerituals auf ihre jeweils eigene Weise begangen. Gerade die sogenannten quasireligiösen Rituale, die mehr und mehr an die Stelle religiöser Bräuche und Riten getreten sind, unterstreichen die menschliche Bedürftigkeit und den Wunsch nach solchen Formen der Anerkennung und des Innehaltens.

Die lebensgeschichtlichen Festkreise im Kirchenjahr

Das Kirchenjahr[23] besteht aus zwei großen Festkreisen, die übergreifend angelegt sind. Sie erstrecken sich vom Winter des Vorjahres bis zum Spätherbst des laufenden Jahres. Aufgrund des Bedeutungsgehaltes der Botschaft des Herrn der Kirche, Jesus Christus, wird sein Leben, Sterben und Auferstehen stets aufs Neue ins Gedächtnis gerufen, wiederholt und gottesdienstlich inszeniert.

In jedem Sonn- und Festtagsgottesdienst, in dem die Gemeinde das apostolische Glaubensbekenntnis spricht, memoriert sie im Grunde das Kirchenjahr. Das geschieht kurz und bündig. Das Jahr der Kirche ist ökumenisch mit den folgenden Perfektpartizipien auf das Leben ihres Religionsgründers ausgerichtet: *empfangen – geboren / gelitten – gekreuzigt – gestorben / begraben – hinabgestiegen / auferstanden – aufgefahren.*

Der erste Festkreis bezieht sich mit der erwartungsschwangeren Zeit des Advents und den Weihnachtsfeiertagen, dem Epiphaniasfest und den vor- wie nachbereitenden Wochen auf die Geburt und die Taufe des Sohnes Gottes, auf seinen Lebensanfang.[24] Die kirchlichen Festtagsrituale haben einen verheißungsvoll gespannten Begrüßungscharakter:

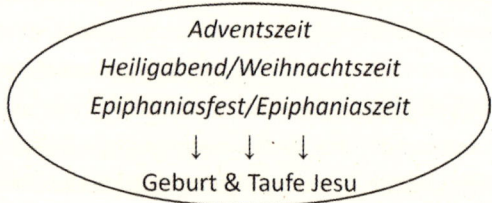

Der zweite Festkreis bezieht sich mit der Passionszeit, Karfreitag und Ostern sowie den Wochen davor und danach auf das Sterben, den Tod und die Auferweckung des Sohnes Gottes: auf sein Lebensende und auf sein Lebensziel. Die kirchlichen Festtagsrituale haben sowohl einen begrüßenden als auch verabschiedenden, verheißungsvollen Gemeinschaftscharakter. Er überschreitet die biografische Wirklichkeit.

Die Sonntage des Kirchenjahres tragen ihren liturgischen Namen heute noch in der lateinischen Sprache nach dem Eingangswort oder Eingangspsalm des jeweiligen Gottesdienstes.[25] Die Wochen nach Ostern werden österliche Freudenzeit genannt und erstrecken sich 40 Tage lang auf das Fest der Himmelfahrt Christi hin. Zehn Tage später, am 50. Tag nach Ostern, wird das Pfingstfest gefeiert. Diesem folgen mindestens 22, höchstens 27 Trinitatissonntage. Sie reichen vom Frühjahr bis weit in den Spätherbst des Jahres hinein. Das Evangelische Gesangbuch (EG) wie das Katholische Gotteslob (GL) ergänzen die Gottesdienste mit ihren beeindruckenden alten Chorälen und neuen Kirchentagsliedern.

Weihnachtsbräuche im Naturjahr

Wie sehr das Kirchenjahr den Jahreszeiten entspricht, schlägt sich in unseren Breiten in dem Brauchtum nieder. In Deutschland fallen die Adventszeit, Weihnachten und Epiphanias in die Winterzeit. In den Weihnachtserzählungen und -gedichten früherer Generationen hat sich mit dem Geburtsfest der Christenheit die Vorstellung von klirrender Kälte, sternklarer Nacht, frisch gefallenem Schnee, nächtlichem Kirchgang und der Vorfreude auf die anheimelnde Wärme, nach Hause zu kommen, verbunden. Der Heilige Abend ist lange Zeit der Vorabend von Weihnachten gewesen, wie die Osternacht vor dem Osterfest.

Heute gehört zu Weihnachten das Tannengrün des Adventskranzes mit seinen vier Kerzen. Leben noch Kinder im Haus, hängt im Wohn- oder Essbereich oft ein Adventskalender. Möglicherweise kündigen ein Herrnhuter Stern oder Transparenzbögen mit biblischen Geburtsmotiven in den Fenstern die besondere Zeit an. In den Familien gibt es zum Fest für jeden einen Bunten Teller. Unbedingt gehört auch die Fichte zum Weihnachtsfest dazu; sie wird mit Kerzen und Christbaumschmuck versehen und gern als Tannenbaum besungen.

Es ist die Zeit der kurzen Tage und der langen Nächte – eine Zeit des Lichtes, die jenseits der konsumorientierten Leuchtreklame und weihnachtlicher Melodien durch die brennenden Kerzen gekennzeichnet ist, die lange der Kirche, dem Adel und dem gehobenen Bürgertum vorbehalten gewesen sind. Das besondere Licht einer Kerze vermag das Auge als den Spiegel der Seele immer wieder neu anzusprechen. Es nimmt mit der Nähe zu Weihnachten zu. Erst sind es die Kerzen des Adventskranzes und dann die des Weihnachtsbaumes oder an der Krippe zu Hause und in der Kirche.

Vorösterliche Fastenzeit und österliche Lichtsymbolik

Die 40-tägige Fastenzeit der Kirche vor Ostern reicht vom Winter bis in das Frühjahr hinein. In das Frühjahr fallen der Karfreitag und das Osterfest. Kaiser Karl der Große nannte den März *Lenz* und den April *Ostermond*. Einst fiel das vorösterliche Fasten in eine Zeit, in der die Arbeitsruhe auf dem Acker und auf der Viehweide lediglich noch Tätigkeiten auf dem Hof, im Stall oder auf der Tenne zuließ. Selbst für das Handwerk gab es in den Monaten wenig zu tun, in denen für die Menschen und die Haustiere die Nahrungsvorräte der vergangenen Ernte sich dem Ende zuneigten.

Von *Invokavit*, dem ersten Sonntag in der Fastenzeit, über den Palmsonntag hinaus bis in die Karwoche hinein reicht die Passionszeit. In der *vorösterlichen* Buße beschränkte man das Essen auf eine Mahlzeit am Tage und verzichtete auf den Verzehr von Fleisch, Wein, Milch, Butter, Käse und Eiern. Daher rührt das alte Festtagsrelikt, freitags Fisch zu essen. Daraus ergibt sich die Vorfreude auf das erste Grün der Blätter, die ersten Eier und die Lämmer; schließlich auf den Beginn die Frühjahrsbestellung.

Die kleinen Pacht- und Zinszahlungen erfolgten an Ostern oder Michaelis mit Eiern. Aus dieser Zeit stammen noch die alten Zählmaße der Eier, ein Dutzend (12 Stück), eine Mandel (15 Stück) und ein Schock (60 Stück).

In der Osternachtfeier findet sich eine ganz andere Lichtsymbolik wieder. Sie ist nicht jahres- oder tageszeitlich wie in der Advents-, Weihnachts- und Epiphaniaszeit bedingt. Sie lässt vielmehr – lebensgeschichtlich *„auferweckt"* – den österlichen Übergang von der Nachtseite des Todes erstrahlen. Eine Bereicherung erfährt die Osternacht durch ein archaisches Lichtritual. Am Abend vor Ostern wurde das neue, aus Feuerstein geschlagene oder mit einem Brennglas entfachte Feuer gesegnet, mit dem man eine der drei Kerzen an dem Rohrstab anzündete. Daraufhin erfolgt die Weihe und das Anbrennen der Osterkerze sowie die Weihe des Taufwassers. Es ist ein sehr alter Ritus, die Taufe im Kirchenjahr zu initiieren, was noch auf die Erwachsenentaufe hinweist. Die Herkunft des Lichtrituals erinnert auch an den jüdischen Brauch, die Sabbatlampe in Gang zu setzen.

Am Vorabend des Festes kündigt sich ein weiterer urtümlicher Brauch an, das Osterfeuer, in dessen Flammen die Menschen ihren Blick versenken, das sie weit umstehen, besingen oder an dem sie sich wärmen. Vor oder nach dem Frühstück beginnt am Ostersonntagmorgen das Eiersuchen, wozu auch das Spiel des Wettlaufes mit ihnen gehört. Möglicherweise unternimmt man nach dem Gottesdienst einen Spaziergang.[26]

Nach den Wochen der fastenden Enthaltsamkeit sind die Sinne wieder angesprochen. Das Eier-Essen und das Naschen der Süßigkeiten, der Frühstückstisch am Sonntagmorgen und der festliche Mittagsschmaus sind dem islamischen Mahl des Fastenbrechens durchaus nicht unähnlich.

Der dritte Festkreis des Kirchenjahres

Die katholische Kirche hat die lateinische Bezeichnung der Sonntage zwischen Epiphanias und Ostern und nach Pfingsten aufgegeben. Dabei ging sie davon aus, dass sich ihre Gläubigen die Namen nicht mehr merken würden. Seit dem II. Vatikanischen Konzil[27] entfaltet sie ihr Gedenken der Heiligen vom ersten Tag des neuen Jahres, dem *Hochfest der Gottesmutter Maria*, bis zu dem letzten Tag desselben Jahres, der *Bischof Silvester I.* geweiht gewesen ist:

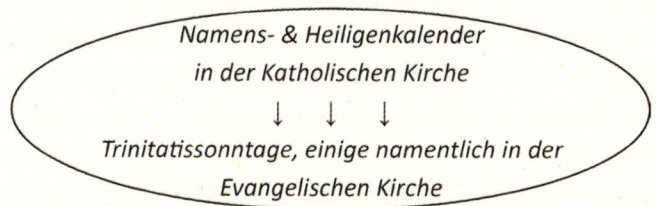

Die katholische Kirche spricht von den Sonntagen im Jahreskreis, doch sie verfügt aufgrund ihrer Geschichte noch über einen dritten Festkreis, nämlich den der Heiligen mit ihrem Namenskalender. Der Tagesheilige gibt dem Sonntag wie dem Wochentag eine besondere Gestalt. Seine Namensgeschichte gehört beispielsweise als Ritualtext zur Taufe. Es ist dabei zu beachten, dass die Eltern früherer Generationen ihren Kindern die Namen nach dem Heiligenkalender oder später nach dem Altpreußischen Kalender gaben. Anfangs bestand das hohe Ansehen der Heiligen in der Hochschätzung der Märtyrer, die man wegen ihres konsequenten Glaubensweges verehrte. Im Mittelalter wurden sie zu spezialisierten Helfern, die man in der Not anrief. Sie galten als besondere Fürsprecher bei Gott. Ihre Todestage betrachtet man als die Geburtstage ewigen Lebens. Die katholischen Christen begehen mit ihren Paten zusammen ihren Namenstag.

Die Mutter Jesu, Maria, gehörte zunächst nur in der Ostkirche zu den Heiligen. Im Heiligenkalender, in der Volksfrömmigkeit und in den Dogmen der Kirche hat ihre Bedeutung bis in das 20. Jahrhundert zugenommen. Dabei lassen sich drei Aspekte erkennen: Das den Marienglauben begründende Bekenntnis zu ihrer Gottesmutterschaft ist bereits auf dem Konzil von Ephesus 431 n. Chr. bestimmt worden. Das Fest wird aber erst seit 1969 als Hochfest der Gottesmutter Maria in der römischen Kirche am 1. Januar gefeiert. Wie die Lebensstationen ihres Sohnes sind auch die seiner Mutter als Festtage dem Kalender zugeeignet worden.

In der evangelischen Kirche werden die namenlosen Sonntage nach dem Trinitatisfest, nach dem ersten Sonntag nach Pfingsten, lediglich durchgezählt. Nur einige – das Erntedankfest, der Reformationstag, Volkstrauertag und der Totensonntag – tragen heute eine Bezeichnung besonderen Gedenkens. Darüber hinaus gibt es ökumenische Heilige: die Jünger Jesu, die vier Evangelisten Matthäus, Markus, Lukas und Johannes, Paulus, Johannes der Täufer, Stephanus, Bartholomäus und der Erzengel Michael. In einigen Landeskirchen haben sie den Trinitatissonntagen die liturgischen Namen der Tagesheiligen gegeben, wie es beispielsweise beim Michaelistag am 29. September der Fall ist, nach dessen Gedenktag die Trinitatissonntage ihren Namen tragen. Darüber hinaus existieren noch frei schwebende, durch bestimmtes Brauchtum lebendig gehaltene, fragwürdige Heilige, wie Barbara, Nikolaus, Valentin, Thomas und Martin.

Ursprünge der kirchlichen Festtagsrituale

Der zweigesichtige Advent

Mit dem ersten Adventssonntag, der zwischen dem 27. November und dem 3. Dezember liegt, beginnt in den westlichen Kirchen das neue Kirchenjahr. Der Advent signalisiert den Anbruch einer anderen, einer symbolischen Zeitrechnung. Der Neuanfang nach dem zu Ende gehenden Kalenderjahr erscheint wie der dramatische Übergang vom Tod zum Leben, wie der Zeitenwechsel von einem *„zu Tode betrübt"* des Volkstrauertags, Buß- und Bettags und Totensonntags zu *„einem Himmel hoch jauchzend"*[28] der künftigen Adventszeit. Der lateinische Wortsinn von Advent bedeutet Ankunft, Eintreffen, Nahen. Es weist auf die Ankunft einer Gottheit im Tempel, die Thronbesteigung eines Kaisers oder auf dessen ersten offiziellen Besuch nach seinem Herrschaftsantritt hin.

> Die Gedenktage dreier Rombesuche Kaiser Konstantins seit dem 29. Oktober 312 wurden *Adventus Divi Constantini, Ankunft des göttlichen Konstantin*, genannt. Der römische Herrscher regierte sein Reich nicht im Westen von Rom aus, sondern aus dem Osten, dem Neuen Rom (lateinisch: *Roma Nova*), und zwar anfangs von Nicomedien, später von Byzanz aus. Erst nach seinem Tode heißt seine Stadt Konstantinopel.

Die frühe Kirche hat den Advent Jesu Christi in einen weltpolitischen Deutungszusammenhang gestellt, um damit eine angemessene Ausdrucksweise für Gottes Zur-Welt-Kommen durch seinen Sohn zu beanspruchen. Das tat zwei Jahrhunderte früher schon der Evangelienschreiber Lukas. Der Arzt fasst seine christliche Heilsbotschaft in einen durchaus vergleichbaren weltpolitischen Rahmen, in dem er sein Weihnachtsevangelium (Lukas 2,1-20) mit den Worten beginnen lässt: *„Es begab sich aber zu der Zeit, dass ein Gebot ausging vom Kaiser Augustus, dass alle Welt geschätzt würde."*

In der Adventszeit wird Gottes Ankunft im respektiven lebensgeschichlichen wie im prospektiven endgeschichlichen Sinne begangen. Sein Kommen zu den Menschen ist zweifach ausgerichtet: Es ist der Advent des Mensch gewordenen Gottes und weist zugleich auf seine erste Ankunft als Mensch unter den Menschen hin. Gottes zweites Erschienen als Menschensohn am Ende der Zeit erfolgt durch seine Rückkehr am Jüngsten Tag.

Der eine Advent begründet die christliche Zeitrechnung ante und post Christum natum, der andere Advent kündigt das Ende aller Zeit überhaupt an. Die Zweigesichtigkeit hat sich im apostolischen Glaubensbekenntnis in dem Übergang vom zweiten zum dritten Artikel niedergeschlagen: *„Er sitzt zur Rechten Gottes, des allmächtigen Vaters, von dort wird er kommen zu richten die Lebenden und die Toten.“*

Bis weit über das Mittelalter hinaus galt die erwartete Ankunft eines Fürsten oder des Landesherrn als Adventus. Aufgrund der besonderen Stellung des Herrschers wird in der Kirche auch die Ankündigung von Gottes Advent entsprechend ehrfürchtig aufgefasst. In den Adventsliedern hat diese Tatsache wortreichen und vielfältigen Ausdruck gefunden.

Das Datum des 25. Dezembers

Der erste Weihnachtstag weist einen weit zurückreichenden religionsgeschichtlichen Hintergrund auf. Das christliche Weihnachtsdatum des 25. Dezembers ist durch das Geburtsfest des unbesiegbaren Sonnengottes (lateinisch: *Natale Solis Invictus*) vorgegeben gewesen. Es ist von dem römischen Kaiser Aurelian gegen 274 n. Chr. eingeführt worden.

> Der Herrscher hatte in einem großen Feldzug die Königin von Palmyra, Septima Zenobia, deren Reich Ägypten, Syrien und einen Teil Kleinasien umfasste, besiegt. Daraufhin ließ er aus dem zerstörten Palmyra den zuvor dorthin aus Babylon gelangten Sonnengott Bel nach Rom schaffen, um ihm zum Dank für seinen Sieg in Rom im Jahre 274 einen Tempel mit eigener Priesterschaft zu errichten.

Der Sonnengott, auch Vater der Götter und König von Himmel und Erde genannt, wurde als Reichsgottheit *Sol invictus* inthronisiert: *Die unbesiegbare Sonne*. Den Kaiser selbst schmückte eine goldene Strahlenkrone, und er ließ sich offiziell als *Dominus et Deus*, als *Herr und Gott* anreden. Die kaiserliche Selbstvergottung gehörte seit Caesars Neffen und Adoptivsohn Oktavian bereits zum

Hofzeremoniell. Ihm hat der römische Senat 27 v. Chr. den Ehrennamen Augustus, also „der Erhabene", verliehen. Die Darstellung des unbesiegbaren Sonnengottes tauchte noch in Konstantins Münzprägung auf. Konstantin integrierte christliche Glaubenselemente in den römischen Sonnenkult, indem er am 3. März 321 den *Sonn(en)tag* als staatlichen Feiertag einführte. Das Weihnachtsfest setzte sich Ende des 4. Jahrhunderts auch in den Kirchen des Ostens durch.

Das deutsche Wort Weihnachten ist erstmals 1170 in einem Dokument genannt: *„diu gnâde diu anegengete sih an dirre naht: von diu heizet si wîhe naht."* Übersetzt: *Die Gnade (Gottes) kam zu uns in dieser Nacht (der Wintersonnenwende): deshalb heißt diese nunmehr Weihnacht.*

Heiligabend – ein Regressionsfest eigener Kindheit? Löst das Wunder von Bethlehem, die Weihnachtsbotschaft von dem in einem dreckigen Stall geborenen Gott noch Erstaunen und Verwunderung aus? Lukas und Matthäus stellen ihr Weihnachtsevangelium bewusst in den politischen Rahmen eines Weltenherrschers. Johannes greift (Johannes 1,1: *„Im Anfang war das Wort"*) auf den Anfang der Schöpfungsgeschichte der Bibel (1. Mose 1, 3: *„Und Gott sprach"*) zurück. Markus überliefert überhaupt keine Geburtsgeschichte. Bei ihm gibt es kein Weihnachten, er lässt sein Evangelium mit dem erwachsenen Jesus beginnen. Matthäus erzählt noch von dem Besuch der Weisen aus dem Morgenland, ihrer Huldigung und ihren Geschenken von einer alten Weissagung, auch von der Arglist des jüdischen Königs Herodes. Der Evangelist erinnert mit seinen Kindheitsgeschichten an den Anfang der Geschichte des Volkes Israel, an die Kindheit Moses und dessen Verfolgung durch den Pharao (2. Mose 2).

Auch wenn die theologische Zeitansage von dem bekannten Klischee „Advent, Advent ein Lichtlein brennt" konterkariert wird, singt die Kirche mit ihren Erwartungs- und Begrüßungsritualen gleichwohl ihre Choräle „Macht hoch die Tür, die Tor macht weit" (EG 1) oder „Wie soll ich dich empfangen und wie begegn ich dir?" (EG 11)

Das Jahrhundert der Kindheit

Auf Jean-Jacques Rousseaus Entdeckung der Kindheit geht der Versuch der Reformpädagogen zurück, Weihnachten neu zu interpretieren. Seit der Mitte des 19. Jahrhunderts ist die Weihnachtsbotschaft von der Geburt des Gottessohnes immer mehr reduziert und in ein kindgemäßes Geburtsfest mit vielen Geschenken verformt worden. Man könnte von einer Infantilisierung sprechen.

Der Wandel lässt sich an zwei bekannten Weihnachtsliedern dokumentieren: Das Lied „Stille Nacht" (EG 46), von Pfarrer Joseph Mohr 1818 gedichtet, besteht eigentlich aus sechs Strophen.[29] Die dritte besingt „*Jesum in Menschengestalt*", die vierte „*Jesus die Völker der Welt*" und die fünfte „*Aller Welt Schonung verheißt.*" Der Text spricht ausdrücklich die Erwachsenen an. Das andere Lied „Alle Jahre wieder kommt das Christuskind" des Pfarrers Johann Wilhelm Hey aus dem Jahre 1837 lautet in der vierten Strophe: „*Sagt den Menschen allen, dass ein Vater ist, dem sie wohlgefallen, der sie nicht vergisst.*"

Nicht zuletzt ist der Heiligabend[30] durch Knecht Ruprecht, den Weihnachtsmann, das Christkind und den ganzen Mummenschanz mit Rute und Geschenkesack zum pädagogisierenden Bescherungsritual geronnen. Das in der Krippe besungene Jesuskind – wie soll es in solcher Heiligabendreligiosität denn auch erwachsen werden? Der Weihnachtsglaube derer, die alle Jahre an die Krippe treten, hindert sie auch selbst am Erwachsenwerden. Am Heiligabend feiert man urbildlich alle Jahre wieder die eigene Geburt.

Der Rückzug auf die eigene Kindheit hat neue Verhaltensweisen ritualisiert und zelebriert. In den Familien geht es vornehmlich um die eigene Biografie der ersten zehn Lebensjahre, ein Muster, bei dem Albert Lortzings Zar und Zimmermann 1837 Pate stand: „*O selig, o selig ein Kind noch zu sein.*" Wen verwundert es da noch, dass Kinder und Enkelkinder Weihnachten unbedingt dazu gehören, ebenso die Stimmen berühmter Sängerknaben, und dass gerade an den Feiertagen unversöhnt gebliebene Familiengeschichten aufbrechen.

Epiphanias – ein längst verklungenes Fest

Epiphanias ist älter als unser Weihnachten, das die Westkirche zunächst überhaupt nicht kannte. Der religionsgeschichtliche Ursprung des Epiphaniasfestes, dessen griechischer Wortsinn „Erscheinung, Glanz, Ansehen Gottes" bedeutet, liegt in Alexandria in Ägypten. Dort feierte man in der Nacht vom 6. zum 7. Januar die Geburt des Sonnengottes Aion aus der Jungfrau Kore. Mit dem Erscheinen Gottes, der unendliche Zeit versprach, ist das Neujahrs- und Heliosfest untrennbar verbunden gewesen. Dazu gehörte am folgenden Tag das feierliche

Zeremoniell, an den Nil zu gehen, um Heil bringendes Wasser zu schöpfen und aufzubewahren.

Die Gemeinde des Matthäusevangeliums hat den antiken Festhintergrund mit der Vorstellung der Jungfrauengeburt aufgegriffen und ihn zum religiösen Rahmen ihres nächtlichen Gottesdienstrituals der Taufe Jesu im Jordan gemacht. Die christliche Gemeinde feierte sie am 6. Januar und deutete sie als die eigentliche Zeugung und Geburt Christi. Im 4. Jahrhundert breitete sich das Fest in den Kirchen des Ostens aus. Schon bald bildeten sich dazu Vorbereitungszeiten heraus, die schließlich bis zu dem St. Martin-Tag am 11. November zurückreichen.

Die mittelalterliche Volksfrömmigkeit erklärte die Weisen aus dem Morgenland nach der Überführung ihrer angeblichen Reliquien von Mailand nach Köln im Jahre 1164 zu den Heiligen Drei Königen. Die neutestamentliche Geschichte (Matthäus 2, 1-12) enthält keinerlei Angaben über die Anzahl der Magier, noch über deren Namen. Die Zahl geht auf die erwähnten Gaben – Gold, Weihrauch, Myrrhe – und auf den Kirchenvater Origenes im 3. Jahrhundert zurück. Der Abt und Erzbischof Caesarius von Arles erhöhte die drei Magier bereits im 6. Jahrhundert in den Rang von Königen. Drei Jahrhunderte später lauteten die frei erfundenen Namen und deren überlieferte Gaben in ihrer symbolischen Bedeutung:

Caspar – hat das Amt des Schatzmeisters inne;
Gold steht für die Weisheit.
Der schwarze Jüngling vertritt Afrika.
Balthasar oder Belzesar – bedeutet: Gott schütze sein Leben.
Myrrhe symbolisiert die Askese.
Der Mann in den besten Jahren kommt aus Asien.
Melchior – ist der König des Lichts;
Weihrauch versinnbildlicht das Beten.
Der Greis spricht für Europa.

Als Heilige Drei Könige verkleidete Sternsinger oder auch Dreikönigssänger gehen die Kinder aus den katholischen Pfarreien von Haus zu Haus, singen und schreiben mit Kreide die von der Jahreszahl umrahmten Anfangsbuchstaben der Heiligen Drei Könige, Caspar, Melchior, Balthasar, auf den Türbalken oder an die Hausseite. Danach teilen sie ihre Heischesprüche aus, mit denen sie Geldspenden für die Kinder in der Mission sammeln. Die Inschriften zieren die besuchten Häuser, zumal sie neuerlich eine ökumenische Lesart erfahren haben. 20*C+M+B*14 kann auch ganz einfach auf den Segenswunsch bezogen sein: „*Christus Mansionem Benedicat*", übersetzt: „*Christus segnet dieses Haus.*"

Heute verbindet sich die Brauchtumspflege wieder mit alten Bewegungsabläufen und Verkleidungen, die sich bei den Kindern und Eltern großer Beliebtheit erfreuen, beispielsweise bei dem der Dreikönigssänger. Die ursprüngliche Hausweihe am Jahresanfang, am Epiphaniasfest durch den Priester hat sich mit einem Heischebrauch verwoben und gleichsam verselbständigt. Das alte Wort anheischig machen, *heischen* weist auf den Sprachgebrauch und bedeutet: *fragen, bitten, Gaben fordern.*

Der Todestag Jesu – ein später Feiertag

Der Karfreitag ist der Gedenktag an den Kreuzestod Jesu. Es ist der Freitag in der Woche vor Ostern. Das mittel- bzw. althochdeutsche Wort karvritac drückt *Wehklage, Sorge, Kummer, Trauer* aus. Martin Luther nannte den Tag dagegen einen für die Menschen *guten Freitag*. Noch heute wünschen Christen in der anglikanischen Kirche an dem Tag einander *a good Friday*. Anfangs spielte der Karfreitag überhaupt keine gesonderte Rolle. Durch den Vorabend bildete der Karfreitag mit dem Gründonnerstag, mit dem Samstag und der Osternacht eine Einheit.

Seit dem 3. Jahrhundert führte man in der Kirche ein strengeres Trauerfasten und Beten am Karfreitag und am Karsamstag ein: Jegliche Arbeit war zu unterlassen. Das Halbfasten ging an den letzten drei Tagen in Vollfasten während der Leidenswoche über. Nachtwachen und Gottesdienste fanden von der neunten Stunde an, der Sterbestunde Jesu, bis in den Abend hinein, statt.

Es folgte das Ohrenfasten, das Schweigen der Glocken und der Orgeln, die im 14. Jahrhundert aufkamen. Das Ohr sollte in der Fastenzeit nichts zu hören, das Auge nichts zu sehen bekommen. Dazu gehörte auch das Augenfasten: das Abräumen des Altars, Verhängen des Kruzifixes oder Altarbildes, das sogar bis zum Verschließen der Kirchentür gehen konnte. Im Grunde stellt das jährlich wiederkehrende Gedenken am Karfreitag ein großes Trauerparadigma der Kirche dar.

Wie ein Deklinations- oder Konjugationsmuster für das Erlernen einer Sprache in ihrer Grammatik erforderlich ist, so lässt sich die Leidensgeschichte des Gottessohnes als Paradigma des eigenen Leidens in und an der Welt verstehen. In der Passion Jesu sind die sogenannten Sterbe- und Trauerphasen der heutigen Trauerpsychologie deutlich wieder erkennbar.[31] Das Geheimnis des Sterbens Jesu liegt in der unglaublichen Leidensfähigkeit Gottes, der seinen Sohn nicht verschont und dessen Hinrichtung um der Menschen willen in Kauf nimmt. Die Kirche ruft den geradezu unglaublichen Vorgang Jahr für Jahr den Menschen ins Gedächtnis: Angesichts des Leidens, Sterbens und Todes Jesu Christi soll über das eigene Leben und Sterben, über den Tod, selbst nachgedacht und daran erinnert werden, dass in Jesu Leidensprozess das eigene Leben und Sterben einbezogen sei.

In Norddeutschland hielt man beispielsweise nach katastrophalen Ernteausfällen im 16. und 17. Jahrhundert Hagelfeiern als Bußgottesdienste ab, aus denen 1773 das Erntedankfest hervorgegangen ist. In den Gottesdiensten beschränkte sich der Pfarrer darauf, der Gemeinde ausschließlich die Leidensgeschichte Jesu Christi vorzulesen und sie zu ermahnen, Gott Gott sein zu lassen. Als ein Beispiel dafür steht Paul Gerhardt 1656 mit seinem durch J. S. Bach berühmt gewordenen Karfreitags-Choral *„O Haupt voll Blut und Wunden"* (EG 85, 9):

Wenn ich einmal soll scheiden,
so scheide nicht von mir.
Wenn ich den Tod soll leiden,
so tritt du dann herfür;
wenn mir am allerbängsten
wird um das Herze sein,
so reiß mich aus den Ängsten
kraft deiner Angst und Pein.

Heute verkündet die Kirche zwar noch von der Lehr- und Predigtkanzel das stellvertretende Sterben und den Tod des Sohnes Gottes, doch sie überlässt die Sterbebegleitung längst den Hospizvereinen. In früheren Zeiten rief man, wenn ein Mensch starb, einen Geistlichen herbei. So war es Sitte und es gehörte sich einfach. Niemand vermochte einem Sterbenden in seiner letzten Stunde diese Bitte abzuschlagen, denn es stand nicht nur das Leben, sondern das ewige Leben auf dem Spiel. Der gerufene Geistliche stand ihm bei. Schließlich ging es um alles und um das Sterben. „Ars moriendi" hießen auch die mittelalterlichen Sterbebüchlein.[32] Heute ruft man den Arzt und den Bestatter, oder auch umgekehrt.

Von Anfang an galt in der evangelischen Kirche der Karfreitag als der höchste Feiertag des Jahres. Der preußische Staat erklärte ihn erst 1899 per Gesetz zum bürgerlichen Feiertag. In Gemeinden mit überwiegend katholischer Bevölkerung blieb er weiterhin ein Werktag. Erst mit der Weimarer Verfassung von 1919 ist der Karfreitag in Deutschland zu einem gesetzlichen Feiertag geworden und hat sich die preußische Variante durchgesetzt. In der katholischen Kirche hat er den Rang eines höchsten Feiertages erst 1965 durch das II. Vatikanische Konzil erlangt.

Drei Feste österlicher Wirklichkeit

Die neutestamentlichen Ostergeschichten erzählen, dass die Frauen nach dem Sabbat in der Frühe des Morgens zum Grab aufbrachen, um einem Ritus der Pietät nachzukommen und Jesus zu salben (Markus 16,1). Das althochdeutsche Ostern (osteren) leitet sich von der Morgenstunde, von dem Morgenrot ab. Die Herkunft von einer angelsächsischen Frühlingsgöttin Eastre ist historisch fraglich, da sie bislang religionsgeschichtlich nicht nachzuweisen ist.

Ostern ist das älteste christliche Fest. Seit dem Konzil von Nizäa im Jahre 325 findet Ostern am Sonntag nach dem ersten Frühlingsvollmond statt. Zuerst wurde es wöchentlich am Sonntag, schließlich auch jährlich als Gedächtnistag der Auferstehung Jesu Christi gefeiert.[33] Ursprünglich bestand die Osterfeier aus einem einzigen Gottesdienst, der am Vorabend begann und die ganze Nacht hindurch bis zum ersten Hahnenschrei am Ostersonntag dauerte. Das gottesdienstliche Festritual mit den biblischen Lesungen und Gebeten, bis dahin von Trauer und Buße gekennzeichnet, erhebt die österlichen Freude und den Jubel über den auferweckten Gottessohn zu einem zentralen Bestandteil.

Eine erste Bereicherung hat das Fest durch das besondere Initiationsritual der Erwachsenentaufe in der Osternacht gefunden. Von Anfang an übertrug die Kirche das Auszugsmotiv des jüdischen Passafestes, den Exodus aus Ägypten als die Errettung vom Tod zum Leben, auf die Taufe der erwachsenen Christen. Im 4./5. Jahrhundert entwickelte sich daraus das Osterritual mit den heiligen drei Tagen:

Der Gründonnerstagabend mit der Abendmahlsfeier und Fußwaschung Jesu, der Karfreitag mit Jesu Kreuzigung, der (Kar-)Samstag mit der Grabesruhe Jesu und die Osternacht mit seiner Auferstehung. Die ritualisierte Woche vor Ostern ist als *Heilige, Hohe, Große, Stille, Leidens- oder Karwoche* in die Geschichte eingegangen. Nach dem Jerusalemer Vorbild gedachte die Kirche der Wegstationen Jesu vom Einzug in Jerusalem bis zu seinem Tode am Kreuz von Golgatha. Anfangs beging die Kirche wohl die 50 Tage von Ostersonntag bis Pfingsten als eine einzige große österliche Festzeit der Auferweckung Jesu Christi von den Toten.

Später fügte die Kirche der österlichen Wirklichkeit liturgische und dogmatische Aspekte hinzu. Schließlich markierte sie im 4. Jahrhundert die Trennung des österlichen vom pfingstlichen Urgeschehen und führte das Fest der Himmelfahrt Christi ein, stets an einem Donnerstag und dem 40. Tag nach Ostern. Der Himmelfahrtsfeiertag hat einen unmittelbaren Bezug zum Anfang der Apostelgeschichte: *„Und er ließ sich sehen unter ihnen vierzig Tage lang und redete mit ihnen vom Reich Gottes."*

Pfingsten[34] ist dahinter noch zurückgetreten. In Preußen wurde das Fest der Himmelfahrt Christi sogar durch eine königliche Verordnung zwischenzeitlich aufgehoben, jedoch 1789 wieder hergestellt und schließlich 1936 zum gesetzlichen Feiertag gemacht. In der Himmelfahrtsmesse ist es Brauch, nach der Lesung des Evangeliums die Osterkerze zu löschen. An Pfingsten, dem dritten Hochfest der Kirche nach Weihnachten und Ostern, haben wir es mit der Ausgießung des Heiligen Geistes als Geburtstag der Kirche zu tun.

Pfingsten leitet sich von der griechischen Ordnungszahl *Pentaekostos* (der 50ste) ab. Der Name des Festes ist über das Gotische (paintekuste) und Althochdeutsche (fona fimfchutin) im 10. Jahrhundert (pinkesten, pinxteren) entstanden. Die neutestamentliche Pfingstgeschichte bezieht sich auf das jüdische Wochenfest *Schawuot*, das man sieben Wochen nach dem Passafest begeht. Es erinnert an das Gelübde des Volkes Israel, Gottes Gebote zu achten, sowie an sein Versprechen, zu seinem Volk zu stehen (2. Mose 24, 7). Zudem ist es auch das Fest der sieben Erstlingsfrüchte (Weizen, Gerste, Trauben, Feigen, Granatäpfel, Oliven, Datteln).

Erst im 4. Jahrhundert wurde der Tag der Himmelfahrt Christi in den Mittelpunkt gerückt. Seit der Synode von Elvira (Granada) im Jahre 306 ist Pfingsten schon ein selbständiges Fest gewesen. Die drei Feiern der einen österlichen Wirklichkeit vereinigen die Feste Gottes: zu Ostern den Vater, an Himmelfahrt den Gottessohn und zu Pfingsten den Heiligen Geist.

Der 50. Tag schließt heute den Osterfestkreis ab. Der Sonntag nach Pfingsten heißt Trinitatis. In der orthodoxen Kirche wird an ihm zuerst das Fest der Dreiheiligkeit gefeiert. Selbständiges Fest wurde Pfingsten erst durch den zweiten großen Tauftermin nach Ostern. Im 5. Jahrhundert haben die Vorabendfeiern, im 7. Jahrhundert die achttägige Nachfeier Pfingsten zu einem eigenen Fest erhoben.

Der Name, das lateinische Wort (trinitas, trinitatis = Dreizahl) drückt die Dreieinigkeit Gottes aus, so wie sie auch in den drei Artikeln des Apostolikums enthalten ist: Der Glaube redet von Gott als vom Vater, vom Sohn und vom Heiligen Geist. Der festlichen Vorstellung von der Trinität Gottes hat man aber überhaupt erst im 8./9. Jahrhundert in den benediktinischen Klöstern – beispielsweise im Kloster Cluny – eine eigene gottesdienstliche Gestalt gegeben. Papst Alexander III sprach sich noch 1179 dafür aus, dass die Kirche kein besonderes Fest brauche, da jeder einzelne Gottesdienst auf die Heilige Trinität ausgerichtet sei. 1334 erklärte dann aber Papst Johannes XXII. das Trinitatisfest als für die katholische Kirche verbindlich. Im Spätmittelalter setzte sich der erste Sonntag nach Pfingsten durch. In der evangelischen Kirche werden die Sonntage nach Trinitatis weitergezählt. Die sogenannte festarme Zeit macht immerhin die Hälfte des Kirchenjahres aus.

Dem Lobpreis der Dreieinigkeit bzw. Dreifaltigkeit Gottes stellen Juden und Muslime die Unvereinbarkeit mit ihrem eigenen Glauben entgegen, das Christentum sei keine monotheistische Religion. Der Religionsphilosoph Martin Buber schreibt 1950 über die „Zwei Glaubensweisen" ein Buch, in dem er klarstellt, dass *Glauben* wie Jesus die Juden und Christen verbinde, dass *Glauben* an Jesus sie aber trenne. Dem Muslim gilt der christliche Gottesglaube als Abgötterei.

Ideenfeiertage

Das Erntedankfest wird heute in der Kirche in der Regel am letzten Sonntag im September oder am ersten Sonntag im Oktober begangen. Es ist durch einen Erlass des preußischen Königs 1773 eingeführt worden, bei den Katholiken allerdings erst 1972 durch einen Beschluss der Deutschen Bischofskonferenz.

Die ersten Erntefeste reichen bis in das 5. Jahrhundert zurück und standen noch im Zusammenhang mit dem Bußtag im Herbstquatember. Gott um ein ertragreiches Erntejahr zu bitten oder ihm für eine gute Ernte zu danken, hatte keine große liturgische Tradition hervorgebracht. Im Mittelalter war der gottesdienstliche Erntedank lediglich mit Segnungen der Früchte und dem Lobgesang Gottes verbunden. Im 17. Jahrhundert sind in die Erntedanktage Abendmahlsgottesdienste eingeführt worden.

Die Vielgestaltigkeit der Erntedankfeste oder Erntebittfeste ergab sich aus den landschaftlich bedingten Ernten des Getreides, der Hackfrüchte, der Rüben, Kartoffeln, des Kohls, des Obstes wie der Traubenlese. Auch die Fischer und die Bergleute begingen ihre Erntedankfeiern. Das liebevolle Arrangement der Erntefrüchte im Altarraum erinnert an ein Dank(Opfer)ritual. Der Brotlaib und die Weintrauben auf dem Altar deuten auf ein Kommunikationsritual, auf die Abendmahlsfeier der Gemeinde hin. Erntedank ist auch als ein Fest des ersten Artikels des Glaubens zu verstehen.

Ende der 1960er, Anfang der 1970er Jahre versuchten evangelische Geistliche die vermeintliche Schrebergartenmentalität der Erntedankgottesdienste aufzubrechen, indem sie beispielsweise einen Traktor in den Altarraum der Kirche stellten, Autoreifen hineinrollten, eine Schreibmaschine auf den Altar stellten oder die Antibabypille hinlegten und über Veränderung predigten. Dabei ließen sie das Erntelied von Matthias Claudius (EG 508), „Wir pflügen und wir streuen den Samen auf das Land" umgetextet singen: *„Auch Autos und Maschinen, die kommen her von Gott."* Ob sie indes das Leben wirklich bereichern, sei hier dahingestellt.

Der Reformationstag ist ein evangelischer Feiertag, der an Martin Luthers Thesenanschlag erinnert. In der Regel feiert man ihn am Sonntag nach dem 31. Oktober als eine jährliche Danksagung für die Erneuerung der Kirche. Der Tag wurde nach den protestantischen Kirchenordnungen anfänglich an sehr unterschiedlichen Terminen mit Gottesdiensten begangen – zuerst als eine Jahrhundertfeier 1617 in den meisten lutherischen und reformierten Gebieten. Nach dem Dreißigjährigen Krieg führte Kurfürst Johann Georg II. von Sachsen im Anschluss an die 150-Jahr-Feier 1667 den 31. Oktober als Feiertag ein, der sich dann durch die weiteren Gedenkfeiern im 18. und 19. Jahrhundert in den evangelischen Landeskirchen anlässlich der 100-Jahrfeier 1817 als Reformationsfest[35] schließlich durchsetzte.

Den ersten Volkstrauertag als einen gesetzlich geschützten Gedenktag für die Gefallenen des Weltkrieges gab es 1922. Eng damit verbunden ist die Arbeit des Volksbundes Deutsche Kriegsgräberfürsorge e.V., den es seit 1919 gibt und der in seinen Anfängen und über viele Jahrzehnte hinweg deutschnationale Positionen vertrat.[36] Der Volkstrauertag wurde zunächst am ersten Fastensonntag Invokavit, ab 1926 wegen des gottesdienstlichen Namensanfangs eine Woche später, am Sonntag Reminiscere (lateinisch: gedenke), begangen. Das „*Gedenke, Herr, an deine Barmherzigkeit*" (Psalm 25, 7) hat dem Sonntag seinen Namen gegeben. 1934 bis 1945 ist er im nationalistischen und völkischen Sinne „Heldengedenktag" gewesen, seit 1952 nennt man ihn wieder Volkstrauertag. Heute ist ihm der vorletzte Sonntag im Kirchenjahr vorbehalten und den Opfern des Nationalsozialismus sowie den getöteten Soldaten beider Weltkriege gewidmet. In den Gedenkfeiern im Deutschen Bundestag werden die Bundeswehrsoldaten, die im Auslandseinsatz ihr Leben verloren haben, als „Gefallene" mit einbezogen. Man stellt sie damit unkritisch an die Seite der deutschen Soldaten, die im Ersten wie im Zweiten Weltkrieg nicht gerade für hehre Ziele ihr Leben lassen mussten. In der „Weltbühne" vom 30. März 1926 schreibt Kurt Tucholsky im Gedenken an die Soldaten des Ersten Weltkrieges:

„*Neben der großen Masse der Indifferenten hat es, besonders zu Anfang des Krieges, viele junge Leute gegeben, denen schlechte Schulbildung, mangelnde Erziehung, die Hetzarbeit von Universität, Presse und Kino eine Erkenntnis des modernen Krieges nicht ermöglicht haben. Sie glaubten ganz ehrlich, einer guten Sache zu dienen; sie glaubten fest daran, daß Deutschland überfallen worden sei, so, wie die Franzosen und die Russen dasselbe von ihren Ländern glaubten – diese jungen Leute meldeten sich freiwillig und gingen in den sinnlosesten Tod. Für sie hat er Sinn. Ihre umnebelten Gehirne, ihre niedergehaltenen Instinkte sahen hier das Abenteuer, Buntheit Sport, Gefahr – und die niedrigste Menschensorte, die Feldpfaffen der drei großen Konfessionen, versicherten ih-*

nen, daß ihr Tun nun auch noch, zu allem Überfluß, moralisch sei. Die Opfer dieser Massenbesoffenheit sind nicht zu tadeln, sondern zu bemitleiden. Wer im Kriege gefallen ist, ist für einen Dreck gefallen."[37]

Der Buß- und Bettag am Mittwoch vor dem letzten Sonntag im Kirchenjahr ist von den meisten evangelischen Landeskirchen in Deutschland seit 1893 als Feiertag begangen worden. 1995 hat er seinen gesetzlich geschützten Feiertagscharakter weitgehend eingebüßt.

Der letzte Sonntag nach Trinitatis trägt den Namen Totensonntag. Der Gedenktag der Entschlafenen ist das protestantische Pendant zu dem katholischen Allerseelen. Der Gedächtnistag im Kirchenjahr wird auch Ewigkeitssonntag oder Sonntag des Jüngsten Tages genannt. Heute werden an ihm im Gottesdienst die Namen der im vergangenen Kirchenjahr Verstorbenen genannt, um sie in das Fürbittengebet der Gemeinde einzuschließen.

Der Sonntag eines allgemeinen Totenfestes erwuchs aus dem Wandel des Todesbewusstseins im städtischen Leben. Das 17. Jahrhundert war durch eine Vielzahl an Bestattungen dermaßen geprägt worden, dass man sich im 18. Jahrhundert nicht weiter mit ihnen beschäftigte. König Friedrich Wilhelm III. von Preußen ordnete 1816 deshalb einen allgemeinen Feiertag zum Gedächtnis der Entschlafenen an. Als Gedenktag hat er sich durch die Erinnerung an die Gefallenen der Befreiungskriege gegen Napoleon bald durchgesetzt.

Rituale, Zeremonien, Rudimente im Kalenderjahr

Rauhnächte, Silvester und Neujahrstag

Die zwölf Rauhnächte oder Rauchnächte, der Silvester, das Neujahrsfest und der Karneval oder Fasching haben viele Gemeinsamkeiten, was offensichtlich mit dem sagenumwobenen Ursprung des jeweiligen Jahresbeginns zusammenhängt.

In einigen Gegenden gilt der 21. Dezember, der Tag des Apostels Thomas, als der Beginn der Zwölf Nächte, die auch Rauhnächte heißen und die auf die Fellverkleideten hinweisen. Jene geheimnisvolle Zeit ist von der Vorstellung der dämonischen Mächte der Finsternis in dem Licht zwischen dem Heiligabend oder dem Thomastag und dem Epiphaniasfest geprägt. Dazu gehören viel Lärm, Maskenumzüge, grobe Scherze, die sprichwörtliche Wilde Jagd und das Bleigießen, das Orakel und der ganze Neujahrstag- und Dreikönigszauber. Von daher rührt auch der Brauch, innerhalb dieser Zeit, schon am 6. Januar, den Weihnachtsbaum zu plündern und abzuräumen.

Der bürgerliche Kalender in Deutschland mit seinen 365 Tagen, 52 Arbeitswochen und Sonntagen, den drei gesetzlichen Feiertagen und den sechs gesetzlich geschützten kirchlichen Feiertagen sowie weiteren fünf kirchlichen Feiertagen in einigen Bundesländern enthält noch weitere Eintragungen mit einem ganz anderen Festtagsgrund.

Die Artikel 136 -139 der Weimarer Verfassung, mit der am 11. August 1919 die Trennung von Kirche und Staat vollzogen worden ist, umreißen den Festtagsrahmen in unserem Kalender. Die Artikel sind von dem so genannten Bonner Grundgesetz der Bundesrepublik am 23. Mai 1949 übernommen worden. In Artikel 139 heißt es: *„Der Sonntag und die staatlich anerkannten Feiertage bleiben als Tage der Arbeitsruhe und der seelischen Erhebung gesetzlich geschützt."* Das gilt insbesondere für die staatlich anerkannten Feiertage mit einer politischen Verantwortung (den 1. Januar, den 1. Mai, den 3. Oktober), die besondere Zeremonien beanspruchen.

Bereits seit 1691 gilt der 1. Januar als Jahresanfang. Der Neujahrstag als offizieller Jahresanfang und staatlicher Feiertag wird in der Bundesrepublik seit 1970 mit einer Neujahrsansprache des Bundeskanzlers und auf Länderebene mit einer Neujahransprache des Ministerpräsidenten begangen. Der Bundespräsident dagegen hält eine Weihnachtsansprache. 1949 bis 1969 war das Zeremoniell umgekehrt. Ebenso sind Neujahrsgottesdienste, Neujahrsempfänge und Neujahrskonzerte Brauch. Zu dem ersten Tag des Jahres gehören die Neujahrsgrüße und -wünsche.

In allen Kulturen erfreut sich das Neujahrsfest, zu welcher Jahreszeit in welchem Kalender es auch begangen wird, großer Aufmerksamkeit. Im Gegensatz zum Neujahrsfest der Juden im Herbst ihres Kalenders und den altrömischen Kalenderanfängen zu Ehren des Kriegsgottes Mars im März oder des doppelgesichtigen Gottes Janus im Januar beging die christliche Kirche den Neujahrstag anfangs regional zu sehr unterschiedlichen Jahresanfängen am 1. Januar, 1. März, 25. März, Ostern, am 1. September oder zu Weihnachten.

Aufgrund der römischen Kalendertraditionen wurde der 1. Januar mit Maskenumzügen, Ausschweifungen und abergläubischen Bräuchen ausgelassen begangen, von denen auch die Kirche nicht verschont geblieben ist. Narrenmessen, die Priester und den kirchlichen Kult verballhornten, waren sehr beliebt. Die Kirche versuchte dem jährlich wiederkehrenden Treiben dadurch zu begegnen, dass sie den 1. Januar als Buß- und Fasttag einführte und als Geburtstag der Maria beging oder als Beschneidungs- und Namensgebungsfest Jesu feierte.

Während Martin Luther sich noch bemühte, dem Neujahrstag einen kirchlichen Inhalt zu geben, schlug Philipp Melanchthon dafür eine „christliche Besinnung auf die Zeit, Ewigkeit, Vergänglichkeit" und den Neuanfang vor.

Der 31. Dezember, der letzte Tag des Jahres verdankt seinen Namen dem Tagesheiligen Papst Silvester I. Der Altjahrsabend dagegen ist ähnlich wie das Neujahrsfest stark vom Volksglauben und den entsprechenden Bräuchen bestimmt. Früher glaubte man, die bösen Geister und Dämonen durch Lärmen, Trommeln, Schellen, Peitschenknallen, Böller, Feuerwerkskörper und Vermummungen zu vertreiben. Gleichzeitig wollte man durch das Bleigießen und die Astrologie erforschen, was das neue Jahr wohl bringe.

Mit Sekt oder Champagner wird auf das neue Jahr angestoßen: Es wird wie ein hochangesehener Gast willkommen geheißen. Man wünscht einander ein frohes und gesundes oder ein glückliches neues Jahr. Die Kirchen begleiten den Jahreswechsel mit Altjahresandachten, Silvestergottesdiensten, Abendmahlsfeiern und begrüßen ihn um Mitternacht mit Glockenläuten. In Deutschland ist die bürgerliche Jahreswende erst 1776 eingeführt worden.

Der 1. Mai – der Tag der Arbeit

Am 1. Mai 1890 haben im Deutschen Reich zum ersten Mal einige Gewerkschaften für den Neun-Stunden-Tag in Berlin, Dresden und Hamburg gestreikt. Die Gewerkschaftler bezogen sich dabei auf den amerikanischen Moving Day (Generalstreik) vom 1. Mai 1886 für einen Acht-Stunden-Tag. Obgleich die betroffenen Firmen in Deutschland drohten, die Streikenden auszusperren, zu kündigen und auf schwarzen Listen zu führen, nahmen am Ende dennoch 100.000 Arbeiter an den Streiks, Umzügen, Maispaziergängen und Feiern teil.

Die Weimarer Nationalversammlung erklärte zunächst für das Jahr 1919 den 1. Mai zum gesetzlichen Feiertag, der noch gewerkschaftlich international eingebunden und in der Verfassung verankert werden sollte. Die Demonstration war politischer Ausdruck der mit der Weimarer Verfassung (Art 118, 123,124) verbrieften Meinungs-, Versammlungs- und Vereinigungsfreiheit.

Der Nationalsozialismus zerschlug die Gewerkschaften und erklärte den 1. Mai 1933 zum Feiertag der Nationalen Arbeit, später zum Nationalen Feiertag des Deutschen Volkes, der sich fortan als eine hervorragende Kulisse für Paraden, Aufmärsche und Leistungsschauen der deutschen Industrie erwies. Nach dem Zweiten Weltkrieg waren Maikundgebungen nur in beschränktem Rahmen fahnen- und transparentlos gestattet. Mit der Gründung des Deutschen Gewerkschaftsbundes (DGB) 1949 zeigte sich dessen Bundesvorstand für die Maifeiern verantwortlich.

Die Elternfeiertage – Opferrituale

Der Muttertag und der Vatertag tragen geschlechtsspezifische Züge, die sich immer wieder emotional aufladen lassen. Beide Elternfeiertage sind durch familiäre, über Generationen hinweg überlieferte Verhaltensmuster geprägt. Sie haben das Vaterbild der Kindheit geformt und die Muttertags-Poesie ausgefüllt. In der gegenseitig erwarteten Aufmerksamkeit erinnern die Rituale – der Donnerstag am Tage der Himmelfahrt Christi wie der zweite Sonntag im Mai – mehr als der Geburtstag des Vaters oder der Mutter an archaische Opferrituale, die der großen Mutter-Gottheit oder Vater-Gottheit dargebracht werden, um sie zufrieden zu stellen.

In Deutschland wird der Vatertag am kirchlichen Fest der Himmelfahrt Christi begangen. Die Zuordnung mag darauf zurückführbar sein, dass der Himmelfahrtstag von Hause aus mit den Flurumgängen und Prozessionen – ähnlich wie am Fronleichnam – im Freien eingebunden gewesen ist. Eine Zeit lang ist das Himmelfahrtsfest überhaupt nicht gefeiert und erst 1934 als ein staatlich geschützter Feiertag anerkannt worden.[38]

Das von Johann Hinrich Wichern und Adolph Kolping initiierte kirchliche Vereinswesen seit Mitte des 19. Jahrhunderts hat die alters- und geschlechtsspezifischen Gemeindekreise in den Großstadtgemeinden[39] hervorgebracht und dazu beigetragen, dass sich über die Männerarbeit das Himmelfahrtsfest und der Vatertagsgedanke miteinander verbunden haben. Seitdem begeht man den Vatertag in Anlehnung an das Herrenfest der Himmelfahrt Christi auch als Herrentag, wenn auch in anderem Sinne. Bekannt wurde er als Berliner Herrenpartie, mit volkstümlichen Ausflügen, Bollerwagen, Radfahrten, Bootstouren und Kremserfahrten im Freien oder in Biergärten, wo man ihn alkoholreich feierte.

Zweifellos tragen die Ausflüge der Väter bisweilen die rohen Züge eines Mannbarkeitsrituals mit Biergärten-, Wirtshaus- und Bordellbesuchen. Pointiert lässt sich sagen, dass aus der Auffahrt des Sohnes zum Vater an Christi Himmelfahrt am Vatertag eine Ausfahrt der Väter mit ihren Söhnen, Nachbarn oder Freunden geworden ist.

Ganz anders hat der *Father's Day* in den USA seine patriotischen Wurzeln als ein besonderer Feiertag in den Amerikanischen Bürgerkriegen (1861-1865). Die Idee zu einem besonderen Tag zur Ehrung der Väter ging aus der beispielhaften Achtung hervor, die Sonora Smart Dodd ihrem Vater, einem Bürgerkriegsveteranen, entgegenbrachte. Ihre Mutter war bei der Geburt ihres sechsten Kindes gestorben und der Vater zog das Neugeborene und dessen fünf Geschwister allein auf einer Farm im Osten des Bundesstaates Washington groß. Der erste Vatertag soll sich am 19. Juni 1910 in Spokane, der zweitgrößten Stadt des Bundesstaates, zugetragen haben. 1924 empfahl Präsident Calvin Coolidge ihn als besonderen Feiertag, schließlich erhob ihn Präsident Richard Nixon 1966 in den Rang eines offiziellen Feiertages für den jeweils dritten Sonntag im Juni.

Ob der Muttertag wirklich aus Amerika stammt, wo er seit 1914 als ein nationaler Feiertag, *Mothers Friendships Day,* begangen wird, ist fraglich. Die emanzipatorischen Wurzeln gehen auf *Peace and Motherhood,* eine Frauen-

und Mütterbewegung in England und Amerika zurück, die zum Ziel hatte, ihre Söhne nicht mehr im Krieg zu opfern. Zu den Elterntagen gehören selbst gepflückte Blumen, gemalte Bilder, gebastelte Geschenke, aufgesagte Gedichte, gesungene Lieder und all die anderen kleinen Liebesbezeugungen.

In Deutschland ist der Muttertag 1922/23 durch den Verband Deutscher Blumengeschäftinhaber (VDB) eingeführt worden. Das geschah mit Plakataufschriften wie „Ehret die Mutter" und mit dem aus dem Amerikanischen übersetzten Reklamesatz „Lasst Blumen sprechen." Die eigentümliche Muttertagspoesie war zum ersten Mal in den Schaufenstern der Blumenläden zu sehen. Ein Beispiel großer Wirkungsgeschichte ist bis heute das Gedicht *Mutterliebe* geblieben, das Friedrich Wilhelm Kaulisch 1851 gedichtet hat:[40]

Wenn Du noch eine Mutter hast,
so danke Gott und sei zufrieden.
Nicht allen auf dem Erdenrund
ist dieses hohe Glück beschieden.

Wenn Du noch eine Mutter hast,
so sollst du sie in Liebe pflegen,
dass sie dereinst ihr müdes Haupt
in Frieden kann zur Ruhe legen.

Sie hat vom ersten Tage an
um dich gebangt mit großen Sorgen.
Sie brachte abends dich zu Bett
und weckte küssend dich am Morgen.

Und warst du krank – sie pflegte dich,
den sie mit großem Schmerz geboren.
Und gaben alle dich schon auf:
Die Mutter gab dich nie verloren.

Und hast du keine Mutter mehr
und kannst du sie nicht mehr beglücken,
so kannst du doch ihr kühles Grab
mit frischen Blumenkränzen schmücken.

Ein Muttergrab – ein heilig Grab!
Für dich die ewig heil'ge Stelle!
Oh, wende dich an diesen Ort,
wenn dich umtost des Lebens Welle.

1933 führten die Nationalsozialisten den Muttertag als offiziellen Feiertag ein.[41]
Sie verbanden den Gedenk- und Ehrentag der deutschen Mütter mit der Vorstellung von der germanischen Herrenrasse, mit Mütterweihen und Mütterdiensten. Die gebärfreudige Mutter sah sich mit dem „Ehrenkreuz der Deutschen Mutter (Mutterkreuz)" als Heldin des Volkes glorifiziert.
Der spätere Schriftsteller Hans Bahr verfasste für „Die Neue Gemeinschaft – Das Parteiarchiv für nationalsozialistische Feier- und Freizeitgestaltung" im Jahre 1938 die Verse:[42]

Mütter, eure Wiegen
sind wie ein schlafendes Heer.
stets bereit zu siegen,
werden sie nimmermehr leer.

Seit 1949 findet der Muttertag in der Bundesrepublik Deutschland am zweiten Maisonntag im Jahr statt.

Der 3. Oktober – die Feier der Deutschen Einheit

Zum „Tag der Deutschen Einheit" hat man 1990 den 3. Oktober aufgrund des Artikels 2 des Einigungsvertrages gewählt. Er ist der einzige gesetzliche Feiertag der Bundesrepublik Deutschland, der durch das Bundesrecht festgelegt worden ist und dessen offizielle Feier nebst Bürgerfest in der Landeshauptstadt des Bundeslandes zu veranstalten ist, das zu dem Zeitpunkt den Vorsitz im Bundesrat wahrnimmt.

Von 1954 bis 1990 hat man in der Bundesrepublik Deutschland den 17. Juni als gesetzlichen Feiertag deutschen Einheit als begangen. Im Bundesgesetz steht dazu: *„Am 17. Juni 1953 hat sich das deutsche Volk in der sowjetischen Besatzungszone und in Ostberlin gegen die kommunistische Gewaltherrschaft erhoben und unter schweren Opfern seinen Willen zur Freiheit bekundet."*

Augenblicke der Besinnung – der Buß- und Bettag

An die Stelle des früher feststehenden Buß- und Bettagstermins treten heute das ganze Jahr über immer wieder Gebets- oder Gedenkgottesdienste, zumeist veranlasst durch große Unglücksfälle, gewaltige Naturkatastrophen und Kriege. Sie nehmen die Tradition des Buß- und Bettags wieder auf. Doch womit soll die Liste der Anlässe beginnen, wo kann sie enden?

Im St. Petri-Dom zu Bremen hat man beispielsweise des Untergangs der MS München im Nordatlantik am 12. Dezember 1978, des Ersten Golfkriegs im September 1980, des Zweiten Golfkriegs im August 1990, des ICE-Unglücks von Eschede im Juli 1998, der Terroranschläge auf das World Trade Center (WTC) in New York im September 2001, des Irakkriegs im März 2003 und der Tsunamiopfer im Juni 2005 gedacht. Merkwürdigerweise fiel die öffentliche Solidarität im März 2011 gegenüber dem Erdbeben, dem Tsunami und der Nuklearkatastrophe in Nordjapan mit den ca. 19 000 Toten in Deutschland sehr zurückhaltend aus.

Die Kirche öffnet zu solchen Ereignissen ihre Türen und zündet die Kerzen auf dem Altar an, um den Verängstigten, Trauernden und Verschreckten Raum und Zeit zu geben, zu verstummen, zu beten, zu klagen, beieinander zu sein und Gottes Nähe in dieser Gotteswiderfahrnis in einem Wort zu suchen, das behutsam und klar artikuliert wird. Sie findet in der neuen Öffentlichkeit eine andere Gemeinde vor als an dem bisher verordneten Buß- und Bettag. Sie nimmt einen alten Brauch wieder auf.

Karneval und Fasching – die drei tollen Tage

Die Herkunft des Wortes Karneval ist umstritten: Kommt es aus dem Lateinischen (lateinisch: *carne vale = Fleisch, lebe wohl!*)? Verweist die Aufforderung auf das Festende, den Beginn der 40-tägigen Fastenzeit? Das wäre vor dem Hintergrund der im frühen 18. Jahrhundert in den Städten entwickelten Tanzveranstaltungen und Bälle gut nachzuvollziehen. Oder geht der Begriff auf die schiffsartigen Festwagen, die so genannten Narrenschiffe (lateinisch: *carrus navalis = Schiffskarren*) zurück? Sie sind auch heute noch bei den feierlichen Umzügen im Rheinland und in den romanischen Ländern zu sehen. Sie erinnern zweifellos an

Bräuche vorchristlicher Festbegehungen und signalisieren, dass die Wasserwege wieder befahrbar sind.

Hinzu kommen archaische Festelemente des zurückkehrenden Frühlings, der Fruchtbarkeit der Erde und ihrer Naturgottheiten, darunter das Fest zu Ehren Saturns, des Gottes der Aussaat. Ausgelassen wurde die Aufhebung der Standesunterschiede gefeiert. Gegenseitiges Beschenken und Schmausereien waren Brauch. Lärm, Tänze, Musik, Masken, Verkleidungen. Karnevalesken dienten dazu, die bösen Geister und den Winter zu vertreiben. Dabei spielt die eigene Verwandlungskunst der Feiernden eine große Rolle.

Der deutschsprachige Karneval begann ursprünglich am Dreikönigstag, dem 6. Januar. In Österreich nennt man ihn deshalb auch den Weihnachtszwölfer, den 12. Tag nach Weihnachten. Seit dem 19. Jahrhundert ist wegen der 40-tägigen Fastenzeit vor Weihnachten der offizielle Karnevalsanfang auf den 11. November um 11:11 Uhr festgelegt; er wurde der „Elfer im Elfer" genannt. Vor dem Beginn aß man die Fleischvorräte auf, besonders gern die Martinsgans am gleichnamigen Tag. Der Karneval endet am Aschermittwoch, sieben Wochen vor Ostern.

Rosenmontag heißt der Montag vor dem Aschermittwoch. Die niederrheinische Herkunft des *rasen(d)mon-tag (rasen → rosen → tollen)* weist auf den Höhepunkt des Karnevals hin, auf die seit 1823 durchgeführten Rosenmontagsumzüge, insbesondere in Düsseldorf, Köln und Mainz.

Fasching dagegen ist der österreichisch-bayrische Name der Fastnacht. In der Vegetationspause des Winters ruhte nahezu alle Arbeit. Die Zeit der fröhlichen, überschäumenden Lebensfreude, des ausgelassenen Treibens und der Kostüm- und Maskenfeste begann mit der Silvesternacht oder mit dem Dreikönigstag und endete am Aschermittwoch.

Es ist anzunehmen, dass das Wort Fasching von vastganc für die Faschingsprozession herrührt. In einer Zunftordnung von 1272 betrifft vastganc das letzte vorgesehene Ausschenken des Fastentrunks vor der Fastenzeit. Die Fastnacht (mittelhochdeutsch: *faseln = Unsinn, Possen treiben*) ist der Vorabend der Fastenzeit und kündigt das Ende wie den Höhepunkt der Volksbelustigung an. Im Niederdeutschen heißt der Dienstag vor Aschermittwoch Vastelavend. Der Fasching in Österreich, Franken, in Sachsen und Brandenburg weist in die gleiche Richtung.

Der Aschermittwoch[43] (Plural: Ascher) ist der erste Tag der 40-tägigen Fastenzeit. An ihm weiht der Priester die Asche der verbrannten Zweige der Palmensonntagsprozession des Vorjahres, um die Gläubigen im Gottesdienst mit einem Aschenkreuz zu zeichnen. Den ganzen Tag über tragen es die Frauen auf dem Scheitel und die Männer auf der Stirn. Bis zum II. Vatikanischen Konzil begleitete den Aschermittwochsritus ein Memento mori: *„Gedenke Mensch, denn du bist Staub und sollst zu Staub werden."* Heute wird dazu Jesu Wort: *„Bekehrt euch und glaubt an das Evangelium"* gesprochen.

Die Wirklichkeit der Rituale

Die Ritualdekadenz

Die Eingangsfrage, was denn nun eigentlich ein Ritual sei und wie es sich von einem Ritus unterscheidet, ist vor dem Hintergrund zu beantworten, wie die Rituale entstanden sind, welche wachsende Bedeutung sie eingenommen haben bis zu ihrem modernen Zerfall. Der Ritus ist zunächst religiös definiert. Zu ihm gehört eine Ursprungslegende, ein Mythos, eine heilige Schrift.

Der Gebrauch des Ritus als Ritual säkularisiert den eigentlich religiösen Ritus so, dass der göttliche Ansprechpartner nur noch als Schatten seiner selbst und die Ritualkompetenz des Priesters oder Redners als hinfällig erscheint, auch wenn die heilige Schrift weiterhin als Vorlage brauchbar bleibt. Das tritt besonders deutlich bei den Amtshandlungen der Kirchen zutage. Die breite Religiosität außerhalb der verfassten Kirchen hat den Berufsstand der sogenannten freien Redner[44] hervorgebracht, die nicht nur säkulare Bestattungen vollziehen, sondern auch Ersatzrituale wie Quasi-Taufen und -Trauungen durchführen. Sie sind Ritendesigner. Das Ritual ist zum säkularisierten Ritus geworden. Es ist sozial-psychologisch-kommunikativ ausgerichtet und seine Intention liegt auf der Hand.

Der Brauch wiederum erfüllt die Funktion eines Rituals, ohne dessen Gehalt und Ausführung zu beachten. Die zu ihm gehörende Legende wird zum Beipackzettel einer wiederkehrenden Handlung: Der Brauch ist ein säkularisiertes Ritual, das nur noch traditionsweise beibehalten wird. Er perfektioniert die rituelle Wiederholung zur Routine, mit der sich sowohl der Alltag als auch seine festlichen Unterbrechungen bewältigen lassen. Vieles, was man heute Ritual nennt, beinhaltet eine nur ausgeschmückte Gewohnheit: Sie bestimmt den Alltag und weist noch auf regulative Ritualelemente hin.

Das feierliche Zeremoniell betont nur einen bestimmten Aspekt des Rituals. An die Stelle der alten Anweisungen treten das Gesetz, das politische Protokoll und die Etikette. Während der göttliche Ansprechpartner im Ritual Ziel der Verehrung ist, erwächst in der modernen Zeremonie beispielsweise dem zu ehrenden Staatsbesuch diese Rolle zu. Sie dient der Repräsentation von Ordnungsgefügen in Staat, Gesellschaft, Religion.

Ihre Wiederholbarkeit verdeutlicht zugleich ihre Funktion. Andere Aspekte sind ausgeblendet. Fallen alle weg, geht es nur noch darum, vitale Grundbedürfnisse zu befriedigen. So reduziert sich die gelebte Mahlgemeinschaft auf die ausschließliche Nahrungsaufnahme, das zärtliche Liebesspiel auf den bloßen Koitus, die erholsame Nachtruhe auf die pure Erfüllung des Schlafbedürfnisses. Jede Handlung dient nur noch dem Erreichen eines ganz bestimmten Zieles.

Der archaische Ritus – das Passafest der Juden

In den Religionen bestimmen die alten Feste das kulturelle Gedächtnis eines Volkes. Das gilt besonders im Judentum. Der Ritus prägt den Festbrauch innerhalb einer Religion und legt fest, wie er von den dafür bestimmten und befähigten Personen ausgeübt werden soll. Die Bedeutung des Geschehens bleibt dabei völlig offen.

Ursprünglich ist das jüdische Ostern eine Hirtenfeier gewesen, das als Überschreitungsfest vier Tage vor dem 14. des Monats des ersten Frühlingsvollmonds begann. Das christliche Osterfest richtet sich noch heute danach und fällt auf den ersten Sonntag nach dem ersten Frühlingsvollmond. Das jüdische Osterfest trägt vier Namen: „Frühlingsfest", „Fest der Freiheit", „Fest der ungesäuerten Brote" und „Passafest".

Den Ablauf erzählt die Festlegende (2. Mose 12, 2-11), die an die Nacht der zehnten Plage in Ägypten, an den Tod der Erstgeburt unter Mensch und Haustier, erinnert. Zu dem sieben Tage andauernden Opferfest in der Familie wurde ein Lamm geschlachtet, mit dessen Blut man die oberen Schwellen und Türpfosten bestrich. Der Todesengel sollte so die jüdischen Häuser erkennen und verschonen. Das gebratene Lammfleisch verzehrten die Gläubigen zusammen mit dem „Brot des Elends", den Matzen, und den bitteren Kräutern, allerdings in Eile. Die Feiernden, wie zum Aufbruch gekleidet, halten den Wanderstab in der Hand bereit.

Später verband sich mit dem häuslichen Mahlfest der Aufbruch zu einer Pilgerfahrt nach Jerusalem, um im Tempel ein Opfer darzubringen. Dass man den Knochen einer Lammkeule noch heute auf die Schüssel gelegt, erinnert daran. Nach der Zerstörung des Tempels rückte für die Juden, die sich nun erneuter Unterdrückung ausgesetzt sahen, der Bericht über den Auszug aus Ägypten wieder in den Vordergrund.

Viermal betont die Erzählung des Exodus die Frage des Sohnes, die er als jüngstes Mitglied der Tischgesellschaft mit einem Blick auf den festlich gedeckten Tisch stellt: *„Was unterscheidet diese Nacht von allen anderen Nächten?"* Die Antwort des Vaters lautet: *„Mein Vater war ein Aramäer, dem Umkommen nahe, und zog hinab nach Ägypten und war dort ein Fremdling mit wenig Leuten und wurde dort ein großes, starkes und zahlreiches Volk. Aber die Ägypter behandelten uns schlecht und bedrückten uns und legten uns einen harten Dienst auf. Da schrieen wir zu dem Herrn, dem Gott unserer Väter. Und der Herr erhörte unser Schreien und sah unser Elend, unsere Angst und Not und führte uns aus Ägypten mit mächtiger Hand und ausgestrecktem Arm und mit großem Schrecken, durch Zeichen und Wunder, und brachte uns an diese Stätte und gab uns das Land, darin Milch und Honig fließt."* (5. Mose 26, 5-9)

Bis zum heutigen Tag wird der Passaritus von den Juden festlich begangen und das heilvoll erfahrene Gotteswunder der Rettung aus Ägypten in das Heute geholt. Es bildet die Geschichte nach, Familie und Gemeinde vergegenwärtigen es sich als eine erneute Gottesbegegnung. Das Wunder von einst erinnert nicht nur an einen neuen Anfang, aus ihm schöpft sich auch heute noch die Hoffnung für das Gelingen des eigenen Lebens.

Das politische Ritual – der Kniefall von Warschau

Zunächst war es nur ein staatliches Gedenkzeremoniell der Kranzniederlegung am Denkmal für die Opfer des Warschauer Ghettoaufstandes vom 19. März 1943 durch den deutschen Bundeskanzler Willy Brandt. Nach der Unterzeichnung des Warschauer Vertrages zwischen Polen und der Bundesrepublik Deutschland am

7. Dezember 1970 legte Brandt vor dem Ehrenmal des jüdischen Ghettos einen Kranz nieder. Er richtete die Kranzschleifen. Für alle unerwartet, kniete er vor dem Mahnmal nieder, verharrte einige Sekunden schweigend, stand auf und ging zu seiner Delegation zurück. Der ihn begleitende Staatssekretär im Bundeskanzleramt Egon Bahr sprach den Bundeskanzler noch am gleichen Abend auf den Kniefall an und soll zur Antwort erhalten haben: *„Ich hatte plötzlich das Gefühl, nur einen Kranz niederlegen, reicht einfach nicht!"*

Der Kniefall- bzw. Gebetsritus ist abgewandelt zu einer Geste, die einen starken persönlich-politischen Bezug hat und die ein Regierungschef stellvertretend für sein Volk vollzieht. Wer bei einem Gebet kniet, sucht um Verständnis für eine besondere Fürbitte nach. Das Knien vor den Opfern jedoch deutet eindrücklich auf das Schuldeingeständnis hin, ihnen Schlimmes angetan zu haben. Es wird mit der ursprünglichen Haltung des Gebetsrituals[45] vor einem Mahnmal, das die sinnbildliche Rolle eines Altars einnimmt, ausgeführt. Die zeremonielle Geste des Staatsmanns wird zum Teil religiös aufgeladen: Die Opfer treten an die Stelle Gottes.

Ein alter Brauch – das Tischgebet

Was geschieht, wenn der Ritualtext weg- und die Ritualkompetenz zerfällt? Ist der Ritus schließlich bedeutungslos? Im Säkularisierungsprozess verflüchtigt sich zuerst die religiöse Anrede, und die Texte werden ausgetauscht. Doch die alte Form prägt weiterhin den neuen Inhalt. An die Stelle des Tischgebets tritt ein *„Spruch vor Tisch"*[46], wie der Christian Morgensterns aus dem Jahre 1905:

Erde, die uns dies gebracht, Sonne, die es reif gemacht:
liebe Sonne, liebe Erde, eurer nie vergessen werde.

Den Platz Gottes nehmen Erde und Sonne ein, und die Kinder beten am Ende wie im folgenden *„Lied zur Mutter Sonne und Erde"*:

Ich bin die Mutter Sonne und trage
die Erde bei Nacht, die Erde bei Tage.
Ich halte sie fest und strahle sie an,
dass alles auf ihr wachsen kann.

Stein und Blume, Mensch und Tier,
alles empfängt sein Licht von mir.
Tu auf dein Herz wie ein Becherlein;
denn ich will leuchten auch dort hinein!
Tu auf dein Herzlein, liebes Kind,
dass wir ein Licht zusammen sind!

Ganz anders klingt es bei dem ursprünglichen Tischgebet, in dem die Zuwendung an eine Gottheit konstitutiv für den religiösen Ritus ist. Die Sprache fördert es klar zu tage. Sowohl das Gebet als auch der Spruch bei Tisch enden mit dem Wunsch nach einer *Gesegneten Mahlzeit*. Doch ist der Bezug zu Gott bei letzterem verschwunden bzw. nicht mehr erkennbar. Der säkulare Spruch bei Tisch erweist sich als Einfallstor für quasireligiöse Größen, gewissermaßen als Gottesersatz. Emanuel Geibel beschreibt diesen Umstand 1863 folgendermaßen:[47]

Glaube, dem die Tür versagt,
steigt als Aberglaub' ins Fenster,
wenn die Götter ihr verjagt,
kommen die Gespenster.

Noch radikaler vom eigentlichen Bedeutungsgehalt des Tischgebets hat sich ein anderer Tischreim abgewandt; er stammt aus einem Kreuzberger Gemeindekindergarten Ende der 1980er Jahre und lautet:

Rolle, rolle, rolle,
der Tisch der ist so volle.
Der Magen ist so leer,
er brummt wie ein Bär.
Er brummt wie ein Brummer.
Guten Hunger!

Das ist längst kein Ritual mehr, auch wenn das Gereimte als ein solches erscheinen mag oder ausgegeben wird. Es erfüllt lediglich eine Funktion. Auf den ersten Blick geht es darum, einen fröhlichen gemeinsamen Essensanfang zu bewirken. Bei genauerer Betrachtung enthält der Text eine Provokation; es stellt inhaltlich Eigenschaften des althergebrachten Tischgebets seinen verniedlichenden Varianten „*Jedes Tierlein hat sein Essen*" oder „*Piep, Piep, Piep, wir haben uns alle lieb und Guten Appetit*" gegenüber.

Eine andere Version, um nicht zu sagen, eine weitere Steigerung ins Nichtssagende, stellt folgender Spruch dar:

> *Jeder isst so viel er kann,*
> *nur nicht seinen Nebenmann.*
> *Jeder isst wie eine Sau,*
> *nur nicht seine Nebenfrau!*

Die kanibalistischen Phantasien, vor dem Mittagessen in der Kindertagesstätte von den Erzieherinnen auf den Plan gerufen, verdecken nur notdürftig, dass hier zu einem Essen aufgefordert wird, das darauf hinausläuft, lieber viel in sich selbst hineinzuschlingen, als den Nebenmann zu verspeisen. Entsprechend roh werden auch die Tischsitten ausfallen. Die Gemeinschaft der Kinder versetzt der chorisch gereimten Essensanfang in eine Lage, die mit dem Essen eigentlich gar nichts zu tun. Selbstverständlich macht es Kindern großen Spaß, das Ungeheuerliche, Unerlaubte und Ungezogene wie ein sonst verbotenes Schimpfwort laut hersagen zu dürfen. Verzichtet das Ritual auf seine religiöse Ursprungsgröße, verkommt es und wirkt wie ein auswegloses Gebet, ohne Ziel und Sinn.

Die Gewohnheit – ein Schlager der 1950er Jahre

Der Kirchenvater Augustin bezeichnete die Gewohnheit als „*zweite Natur des Menschen.*"[48] Die damit verbundenen Ausdrucksweisen und gängigen Begriffe spiegeln sich in den Wortbildungen deutlich wider: *Mit einer Gewohnheit brechen, von einer Gewohnheit abgehen, eine Gewohnheit ablegen oder zur Gewohnheit werden. Gewohnheitsmensch, Gewohnheitsrecht, Gewohnheitstier, Gewohnheitstrinker, Gewohnheitsverbrecher, Gewohntsein.*

Die Gewohnheit ist ambivalent. Sie gibt zu erkennen, wie der Mensch beschaffen ist und welche Eigenarten ihn auszeichnen. Gegenüber dem Brauch, der noch die Spur eines Ritus wie beispielsweise das Anzünden einer Kerze enthalten und deshalb einen eigenen Ritualcharakter annehmen mag, ist die Gewohnheit ein bereits entwöhntes Ritual. Das veranschaulicht z.B. ein Schlagertext aus den 1950er Jahren, dessen Titel mit der ersten Hälfte seines Refrains identisch ist: *„Ich hab' mich so an dich gewöhnt."* Heino Gaze hat ihn 1951 geschrieben, Fritz Rotter die Verse vertont. Unterschiedliche Interpreten wie Rudi Schuricke, Lale Andersen und Hildegard Knef brachten den Schlager Jahrzehnte lang immer wieder in Erinnerung. Der Wortlaut und die Melodie geben – wenn auch sentimental – das Eheverständnis der deutschen Nachkriegszeit wieder. Die Gewöhnung an den Partner wird in ständiger Wiederholung besungen und zelebriert:

Ich hab' mich so an dich gewöhnt,
hab' mich so sehr an dich gewöhnt:
An die Art, wie du beim Küssen deine Augen schließt
und mir doch ach so tief in meine Seele siehst.
Ich hab' mich so an dich gewöhnt,
hab' mich so sehr an dich gewöhnt.
Wenn du lachst, dann lach ich mit, was kann ich weiter tun?
Wenn du weinst, dann ist das Glück für mich vorbei.
Wenn du müde bist, dann fühl auch ich, ich sollte ruhn.
Wenn ich denk, dann denk ich immer für uns zwei.
Ich hab' mich so an dich gewöhnt,
hab' mich so sehr an dich gewöhnt.
Ich hab' mich so an dich gewöhnt,
hab' mich so sehr an dich gewöhnt:
Wenn du älter wirst, und die Figur wird langsam rund.
Wenn du Brillen trägst und kannst mich kaum noch sehn.
Was auch immer kommt, für mich gibt's keinen Scheidungsgrund,
denn für mich, da bleibst du ewig jung und schön.
Ich hab' mich so an dich gewöhnt,
hab' mich so sehr an dich gewöhnt.

Das Gewohntsein beruht auf der Herausbildung gleichbleibender Verhaltensformen und Handlungsmuster, die sich wiederholen. Es prägt sich dem Gedächtnis ein und ermöglicht damit überhaupt erst das Lernen. Zum Ausdruck kommt es in den Redensarten, wie sie in der Familie, Nachbarschaft, im Dorf, in der Kleinstadt oder im Wohnquartier gang und gäbe sind: *„Das ist bei uns so Sitte"* oder *„Das ist bei uns so Brauch."* Solche Wendungen unterstreichen zweifellos den normativen Charakter herkömmlicher Gewohnheiten; auch solcher, die in Landsmannschaften, Heimatvereinen, Trachtengruppen, Karnevalsgesellschaften, Schützengilden, Kleingarten- oder Sportvereinen, Berufsverbänden, Gewerkschaften, Parteien und in Kirchengemeinden als Tradition ausgegeben werden.

Mondlandung des Menschen

Die Zeremonie als feierliche Abfolge ehrwürdiger Handlungen ist mit einer bestimmten Sprache und Rhetorik sowie mit einer festgelegten Bekleidung und einem besonderen Auftreten verbunden. Dazu gehören auch die Insignien der Macht und Würde, die einem Menschen zugesprochen werden. Der Ordnungsgehalt geht dabei letztlich auf ein religiöses Gebot, ein Gesetz, eine Sitte oder Gewohnheit zurück. Zeremonien gewinnen ihre Bedeutung aus ihrer Formvollendung. Sie dienen zumeist der Selbstdarstellung, wie etwa bei einem offiziellen Staatsbesuch, wenn das Abschreiten der Ehrenformationen erfolgt.

Der Große oder Kleine Zapfenstreich der Bundeswehr trägt ebenfalls zeremoniellen Charakter. Die Eröffnung der Olympischen Spiele oder anderer großer internationaler Sportereignisse mit dem Einzug der Sportlernationen, Hissen der Fahnen, Sprechen des Eids und Spielen der Nationalhymnen bei den Siegerehrungen stellt eine feierliche Zeremonie dar. Selbst die verschiedenen Prunksitzungen der Karnevalsvereine folgen einem vergleichbaren Muster.

Ähnliches gilt für das ehrwürdige Jubiläum einer alten Universität oder für die feierliche Verleihung der Nobelpreise in Stockholm. Zeremonien sind Abbild einer in Staat, Gesellschaft, Wirtschaft, Wissenschaften, Kultur, und Religion vorherrschenden Ordnung, die symbolisch aufgeladen ist und sich nach den Gesetzen des Abgestimmten, Harmonischen und Erhabenen ausrichtet. Auch ein Eröffnungsgottesdienst, eine Messe, ein Pontifikalamt ist durchaus als eine Zeremonie anzusehen.

Als die amerikanischen Astronauten[49] Neil Armstrong und Edwin Aldrin im Rahmen der Apollo 11-Mission zur ersten Mondlandung starteten, lag das Begrüßungsritual schon lange fest. Es umfasste die erste Schritt- und Wortfolge, das Aufstellen der amerikanischen Flagge, die militärische Ehrenbezeugung. Sechs Stunden nach der Landung der Mondlandefähre, am 21. Juli 1969 um

3:56 Uhr (MEZ), betrat Neil Armstrong im „Meer der Ruhe" als erster Mensch den Mond und sprach den Satz:

„That's one small step for [a] man, one giant leap for mankind." – „*Dies ist ein kleiner Schritt für einen Menschen, aber ein großer Sprung für die Menschheit.*"

Bestenfalls ist hier von einem Begrüßungszeremoniell zu sprechen. Armstrong machte lediglich eine zuvor festgelegte, ins Philosophische überhöhte dienstliche Meldung an die Bodenstation in Houston, die das Geschehen weltweit live übertrug. Der erste Schritt des Menschen auf den Mond, das Hissen der Flagge usw. fand ohne einen Ansprechpartner auf dem Erdtrabanten statt; lediglich gab es eine rhetorische Rückkopplung durch die gleichzeitige Übertragung in den Medien, sodass sich der Eindruck einstellte, jeder sei irgendwie dabei gewesen. In Wirklichkeit war die „Zeremonie" inszeniert.

Die Ritualbedürftigkeit des Menschen

Auf die Welt und von der Welt kommen

Der Mensch tritt in die Welt mit geschlossenen Händen, als wollte er andeuten: Die ganze Welt ist mein, ich nehme sie in Besitz; scheidet er dagegen von der Welt, so sind seine Hände ausgestreckt, als wollte er sagen: Ich habe von der Welt nichts geerbt.[50]

Im Dasein eines Menschen bewegen sich Festtags- und Alltagsrituale als besonders gekennzeichnete Punkte auf seiner Lebens-Ellipse. Deren beide Brennpunkte sind durch den Lebensanfang, *auf die Welt zu kommen,* und durch das Lebensende, *von der Welt zu kommen,* natürlicherweise vorgegeben.

Die Geburt, mit der die Schwangerschaft zu Ende geht, wird mit dem Wort gebären, das heißt „zu Ende tragen" oder „hervorbringen", ausgedrückt. Die Vorbereitung der Geburt dagegen bezeichnet man als „Niederkunft", den Vorgang selbst als Entbindung. Niederkommen heißt seinem mittelhochdeutschen Ursprung nach zu Bette gehen. Niederkunft bezieht sich seit dem Ende des 17. Jahrhunderts ausschließlich auf das Kindbett. Im alten Sprachgebrauch beinhaltet die Entbindung auf einen größeren Zeitraum und umfasst: *„sechs Wochen, das Wochenbett, das in die Wochen kommen oder die Wochen halten."*

In allen Kulturen wird die Geburt eines Menschen mit einem besonderen Ritual, der jeweiligen Religion entsprechend, begrüßt und begangen. Mit ihm ist ein markanter Initiationscharakter verbunden. Durch ihn wird das Kind von Anbeginn an in die Religionsgemeinschaft aufgenommen. Die biblischen Überlieferungen lassen erkennen, dass der Initiationsritus der Beschneidung ursprünglich an einem erwachsenen Mann vollzogen und erst in der nächsten Generation auf den Jungen (2. Mose 4, 24) übertragen worden ist. Gleiches gilt für die christliche Taufe. Das Sakrament der Taufe im neuen Testament hat zunächst die Erwachsenentaufe im Blick gehabt. Es ist in der Geschichte der Kirche zunächst eine Missionstaufe gewesen. Von der ersten Christin Lydia in Europa, einer Purpurhändlerin aus Philippi, berichtet die Apostelgeschichte (16, 14-15), dass *„sie und ihr ganzes Haus getauft"* worden seien. Noch heute führt man – gewissermaßen im Zeitraffer – den Ritus der Kindertaufe nach dem agendarischen Ablauf der Erwachsenentaufe durch. Der jüdische Junge wird mit seiner Beschneidung am achten Tag nach seiner Geburt in die Berufungsgeschichte seines Glaubensvaters Abraham und des Religionsgründers Mose eingewoben.[51]

Die Juden sprechen von der *Berit-Mila,* vom Bund der Beschneidung und meinen damit den Bund des Kindes mit Gott. Bei der *Bar-Mizwa,* die so viel wie Sohn der Pflichten bedeutet, nimmt man den inzwischen Dreizehnjährigen feierlich in die Gottesdienstgemeinde auf. Das Mädchen hat bereits ein Jahr eher *Bat-Mizwa,* also mit zwölf Jahren. Der Junge gehört fortan als ein erwachsener Mann zum *Minjan,* d.h. von nun an zählt er mit, wenn es darum geht, dass mindestens zehn Besucher anwesend zu sein haben, damit ein Gottesdienst stattfinden darf. Nachdem er der Gemeinde zum ersten Mal einen Abschnitt aus der Torarolle vorgelesen hat, sagt der Vater, der neben seinem Jungen steht, den folgenden Segensspruch: *„Gelobt seist du, der du mich von der Verantwortung für ihn befreit hast."*[52] Der Vater dankt Gott für das Geschenk seines Sohnes, den er aufgezogen hat und den er jetzt seiner Obhut entlässt, weil er auf eigenen Füßen stehen und die Verantwortung vor Gott und der Gemeinde selbst tragen kann.

Im Grunde stellt die Taufe im Christentum einen vergleichbaren Initiationsritus dar. Das Kind partizipiert an der Taufe des Gottessohnes Jesus von

Nazareth. Die Christen sprechen von der Gotteskindschaft der Getauften sowie von den Geschwistern Jesu Christi. Der Ritus wird durch den stellvertretenden Willen der Eltern und Paten vollzogen. Ähnlich wie bei der Toralesung des jüdischen Jungen bekennt der Konfirmand das Apostolikum im Gottesdienst.

Geht das Leben zu Ende, sprechen wir vom Sterben. Im Mittelhochdeutschen bedeutet es *starr werden, erstarren.* Vergleichbar der Niederkunft der Gebärenden, gab es einst auch für den, dessen Leben aufhörte, ein Sterbelager. Man kehrte, wenn man sein Ende nahen fühlte, möglichst aus der Fremde in die Heimat zurück, um dort in einem Bett dem Tod zu erliegen. Ein Wort des Erzbischofs Anselm von Canterbury aus dem 11. Jahrhundert verdeutlicht das damit einhergehende mittelalterliche Lebensgefühl: *„Nichts ist gewisser als der Tod, nicht ungewisser als seine Stunde."*

Das Zitat offenbart zwei Aspekte des Lebensendes: Aus der griechischen Mythologie stammt die Vorstellung Hesiods, dass *„der Schlaf der eherne Bruder des Todes"*[53] sei, und aus dem Christentum die Erwartung, dass ihre Toten dem jüngsten Tage entgegenschliefen. Die Initiation am Anfang des Lebens entscheidet auch über seinen Ausgang. Das gilt ebenso für den Islam-Gläubigen.[54]

Die Religionen überliefern sich wesentlich durch Rituale – beispielsweise durch die kultische Abfolge in den Liturgien der Gottesdienste an den Fest- und Feiertagen in der Synagoge, Kirche, Moschee, im Tempel oder im buddhistischen Kloster. In den fünf großen Weltreligionen, die über heilige Schriften verfügen, herrscht der Grundtenor vor, dass das Leben durch das Sterben wach gehalten wird. Der Blick auf die Sterbe- und Trauerbräuche im Judentum und der Überblick über den Umgang mit dem Tod und der Trauer im Islam vermitteln bemerkenswerte Einblicke in das jeweilige Ritual, das mit dem Tod einhergeht.[55] Das christliche Bestattungsritual erinnert stark an den rituellen Lebensanfang. Deshalb gehört auch das Glaubensbekenntnis dazu, das schon bei der Taufe gesprochen worden ist.

Erst mit dem Initiationsritus ist der eigentliche Anfang des ansonsten vitalen Lebens rite, also dem Ritus nach korrekt, gegeben. Er ist einmalig. Für die fünf großen christlichen Konfessionen, die Katholische, die Orthodoxe, die Anglikanische, die Lutherische und die Reformierte Kirche, gilt trotz unterschiedlicher Theologie bereits ökumenisch die gegenseitige Anerkennung der Taufpraxis. Bei einem Konfessionswechsel wird sie daher nicht wiederholt. Sie hat lebenslang Gültigkeit; an sie erinnert die Kerze am Namens-, Tauf- oder Geburtstag.

Die drei Glaubensweisen in ihrer Gotteswiderfahrnis

Die Gebets- und Meditationspraxis in den Weltreligionen weist zunächst große Gemeinsamkeiten auf. Die nahe Verwandtschaft der drei bedeutenden monotheistischen Religionen und ihre jeweilige Entstehung im Orient mögen diesen Schluss ebenfalls nahelegen. Die Religionen, wie sie sich in der hebräischen Bibel und im griechischen, lateinischen und deutschen oder anderssprachigen Alten und Neuen Testament niederschlagen, haben im Islam durch Mohammed und den Koran ihr arabisches Gegenstück gefunden. Dem Eindruck ihrer Gleichartigkeit widerspricht aber die persönliche Wahrnehmung der eigenen wie der fremden Religion. Deren Unterschiede erweisen sich als deutlich erkennbar, ist doch die religiöse Wahrheit immer ganz konkret. Nicht zuletzt in der all- und festtäglichen Frömmigkeitspraxis unterscheiden sich die Religionen, ob es sich nun um die Gottheit, Geistlichen, Gläubigen oder um die heilige Schrift handelt, die den Willen der Gottheit kundtut. Weder die Gottheiten noch die heiligen Schriften, weder die Geistlichen noch die Riten sind untereinander austauschbar, als sei das „alles Jacke wie Hose und aus dem gleichen Stoff" genäht.

Jede Religion entwickelt im Verlauf ihrer Geschichte eine besondere Frömmigkeit, die sich ritualisiert. Der Stifter einer Religion verkörpert die Unwiderstehlichkeit und Eindrücklichkeit seiner Gotteswiderfahrnis. Der auserwählte Mensch, von Gott berufen und in seinen Dienst gestellt, vermag fortan, mit ihm zu sprechen und sich auf ihn zu beziehen – wie es uns das Berufungsritual vor Augen führt. Aus dem brennenden Dornbusch hört Mose (2. Mose 3, 5) die Stimme: *„Tritt nicht herzu, zieh deine Schuhe von den Füßen, denn der Ort, darauf du stehst, ist heiliges Land."*

Das gilt für die Gottesbegegnung, die Mose in dem brennenden Dornbusch am Fuße des Sinaiberges widerfuhr ebenso wie für die Nacht der Erleuchtung, die den Asketen Gautama unter dem Feigenbaum in Benares überkam. Das gilt für Jesus, der getauft aus dem Jordan stieg, als sich über ihm der Himmel öffnete und er das erste Mal die Stimme Gottes vernahm. Und das gilt nicht weniger für den Propheten Mohammed, als über ihn die „Macht der Nacht" in der Höhle am Berge Hira nahe Mekka einbrach.

Wie man in den Religionen mit dem Leben und Tod auch heute noch umgeht, ist geradezu archaisch. Die Rituale, die in das Leben hinein- und die aus ihm hinausführen, sind sowohl bei der Geburt als auch beim Sterben von Schmerz begleitet. Sie begründen sind durch die Initiation des Religionsstifters selbst. Er gibt sie jedoch nicht nur einfach weiter. Jesus (Matthäus 20, 22) fragt einmal, zu seinen Jüngern gewandt: *„Könnt ihr den Kelch trinken, den ich trinken werde, und euch taufen lassen mit der Taufe, mit der ich getauft werde?"*

Zwischen der Haltung des Religionsstifters und dem Anspruch seinen Gläubigen gegenüber, also zwischen dem Mythos und dem Logos, steht die Genealogie der Mittlergestalt: Im Judentum ist es der Prophet Mose, im Christentum der Gottessohn Jesus von Nazareth und im Islam der Prophet Mohammed. Ihre Ur-Rituale und das damit verbundene Geschehen sind Ur-Kunden und in der heiligen Schrift der jeweiligen Religion als Berufungsmythos aufbewahrt. Von ihm leitet sich das Initiationsritual ab, auf ihn bezieht es sich zurück, nach ihm richtet es sich. Es verkündet seine eigene Gründungsgeschichte, als wiederhole sie sich in der Gegenwart. Der gewissenhafte Vollzug überliefert es stets aufs Neue und reicht es weiter. Es gewährleistet gleichsam die Überlieferung des Ursprungsmythos und ragt als stets wiederbelebte Vergangenheit in die Gegenwart und Zukunft hinein. Dabei handelt es sich also um eine Ur-Kunde im zweifachen Sinn des Wortes: Die auf das Ursprungsgeschehen des Religionsstifters zurückgehende, am Anfang stehende Ur-Kunde und die Urkunde des Rituals, das bis in unsere Tage hinein gilt.

Der Ritus – die Mitte der Religion

Die Säkularisierung des religiösen Ritus bis hin zur bloßen Funktion lenkt noch einmal den Blick auf seinen Ursprung. Zu ihm gehören: der Bezug auf die Gottheit, ihren Mythos, der Text, sowie die hinreichende Kompetenz, ihn überhaupt und korrekt durchführen zu können. Jede der hier skizzierten Weltreligionen findet ihre Mitte in einem bestimmten Ritus, der sich für sie als unverzichtbar erweist.

> Das Judentum ist als Religion der Wegweisung Gottes aufzufassen. Die Frömmig-keitspraxis innerhalb der jüdischen Gemeinde konzentriert sich auf das Gebet.[56] Das Christentum der Katholischen, Orthodoxen und Anglikanischen Kirche ver-steht sich als eine Religion der Anbetung. Im Mittelpunkt ihrer Liturgien steht der Altar mit dem priesterlichen Kultus der sieben Sakramente. Das priesterliche Sak-rament ist die Grundvoraussetzung aller anderen Sakramente.[57] Aus ihm leiten sich alle weiteren Rituale ab. Die Katholische Kirche ist reich an kultischem Brauchtum, wie es par excellence das Rituale Romanum von 1614 vorführt.[58]
> Die Evangelische Kirche als eine Religion des Wortes konzentriert sich mit den Sa-kramenten der Taufe und des Abendmahl auf das Predigtritual. Der Geistliche übt, im Gelehrtengewand auftretend, ein prophetisches Amt aus. Die protestantische Kirche ist ausgesprochen arm an Riten und Bräuchen, jedoch reich an Bekenntnis-sen.
> Der Islam ist eine Religion, die den Gläubigen auf die in ihm geltenden fünf Grund-regeln des Lebens verpflichtet, wozu das mehrfache tägliche Bekenntnis zu Allah und seinem Propheten Mohammed gehört.

Prospektiv beten lernen – am Beispiel des Vaterunsers

Der Mensch und sein Gott begegnen einander im Gebet. Die drei verwandten Religionen stellen den Menschen in eine besondere Lebenssituation, indem sie ihm das Gespräch mit Gott ermöglichen. Wo immer Heiliges, Göttliches erfah-ren wird, rückt der Mensch in einen betenden und seinem Gott zugewandten Zu-stand.

Das Gebet setzt Gott voraus. Die Besonderheit – und wenn man so will, das Geheimnis – des Betens liegt grundsätzlich in der Ansprechbarkeit Gottes. Er ist immer da – in guten wie in schlechten Zeiten – und muss nicht erst gesucht werden. Das ist zugleich eine einzigartige Verheißung. Ich brauche nicht erst in die Ferne zu schweifen, sondern Gott ist ganz in meiner Nähe und – wo im-mer ich mich auch befinde und in welcher Lage ich auch bin – jederzeit erreichbar. Die Prospektive des Betens rückt somit Gottes Gegenwärtigkeit in den Blick.

> Die Psalmen, das Vaterunser und die liturgischen Gebete in der Bibel, das Glaubensbekenntnis der Kirchen, die Suren des Koran und die Shahada des Islam haben sich in ihren Religionen als zuverlässige Paradigmen (Reflexionsmuster) des Betens bewährt. Zwischen den Religionen sind weder die Gebete (Ritualworte) noch deren Orte, noch die Geistlichen und ihre Ritualkompetenz austauschbar. Deshalb schließt es sich aus, an einem Altar gemeinsam zu beten. Wo aber das Gebet des Menschen verstummt, ist es bald um die Religion geschehen.

Das menschliche Leben ist keineswegs immer eine Gebetssituation. Selbst im Kloster geht es nicht immer fromm zu. Die religiöse Überlieferung gründet sich nicht zuletzt auf bestimmte Gebetsrituale. Das Vaterunser, der Rosenkranz, Martin Luthers Morgen- und Abendsegen sowie vorformulierte Morgen-, Nacht-, Tisch- und Tagesgebete helfen dabei, die Alltagssituation in eine eigene Gebetssprache zu überführen. Der Apostel Paulus warnt aber vor allzu achtloser Handhabung und ermahnt seine Gemeinde in der römischen Provinz (Galater 6, 7): *„Irret euch nicht, Gott lässt sich nicht spotten."*

Der Betende schaut ausschließlich auf Gott und sucht ihn erst einmal nur zu erreichen. Dass das Gebet Gott immer schon voraussetzt, um ihm selbst in der größten Not oder Verzweiflung noch die Achtung zu erweisen, zeichnet seinen prospektiven Charakter aus. Es geht darum, von sich selbst abzusehen und allein Gott zu ehren. Wer es ernsthaft vorhat, darf seinen Gottesanruf nicht auf einen frommen Stoßseufzer zwischendurch reduzieren. Gott das Unglück vor die Füße zu werfen oder ihn wortreich dafür verantwortlich zu machen, ist vergebene Liebesmüh, denn so findet man ihn nicht. Das Gebet ist nicht dazu da, um mit ihm eine Notlage zu beheben.

Für Martin Luther[59] sind lediglich zwei Voraussetzungen zu erfüllen: 1. Der Betende hat von Gott bereits eine Verheißung und Zusage empfangen; sie ist die Vorgabe für alles Weitere. 2. Er vertraut Gottes Versprechen, bringt so den mit ihm geschlossenen Bund in Erinnerung und bemüht sich vorrangig um die eigene Gottesvergewisserung. Erst dann vermag Gott in die möglicherweise schwierige Lebenssituation des zu ihm Betenden einzudringen. Dazu bietet das Vaterunser eine Handlungsanweisung:

Das Gottesverhältnis:	Vater unser im Himmel.
→ Der Lobpreis Gottes	(1) Geheiligt werde dein Name.
	(2) Dein Reich komme.
	(3) Dein Wille geschehe,
	wie im Himmel so auf Erden.
Das Gebetsanliegen:	(4) Unser tägliches Brot gib uns heute.
	(5) Und vergib uns unsere Schuld,
	wie wir vergeben unseren Schuldigern.
	6) Und führe uns nicht in Versuchung.
	(7) Sondern erlöse uns von dem Bösen.
Der Lobpreis Gottes	Denn Dein ist das Reich und die Kraft
Das Gottesverständnis:	und die Herrlichkeit in Ewigkeit. Amen.

Das auf Jesus zurückgeführte Gebet schlägt vor, Gott als guten Vater anzusprechen, selbst gegen alle eigene anders lautende Gotteswiderfahrnis. Die Anrede beruht auf der Verheißung Gottes, die dem eigentlichen Gebetsritual vorangestellt ist und doch schon dazu gehört. Und genau an dieser einzigartigen Sinngebung des Vaterunsers scheiden sich die Geister – und die Religionen. Die ersten drei der sieben Bitten des Vaterunsers wenden sich ausschließlich Gott zu, der Heiligung seines Namens, dem Kommen seines Reiches und dem Geschehen seines Willens. Es ist hilfreich, sich dabei die ersten drei der zehn Gebote ins Gedächtnis zu rufen.[60] Sie betreffen die Exklusivität Gottes, das Nennen seines Namens und das Beachten seines Feiertages.

Die folgenden vier Bitten des Vaterunsers gelten ausschließlich dem Menschen. Sie stellen nur Bitten dar, um deren Erfüllung Gott angerufen wird: Um das tägliche Brot, die Vergebung gegenseitiger Schuld, den Widerstand gegenüber der Versuchung und um die Erlösung von dem Bösen. In ihnen sind – durch den Betenden selbst erweitert – auch die eigenen Anliegen artikulierbar. Sie öffnen den Raum für die eigenen Sorgen.

Wer so zu Gott redet, dass er ihm in einer bestimmten Situation sein Leben als von ihm empfangen darbringt, befindet sich bereits innerhalb einer Gotteserfahrung, die dazu einlädt, alles, aber auch wirklich alles zur Sprache zu bringen. Vergegenwärtigt man sich selbst einmal die Augenblicke, in denen sich im eigenen Leben das Gebet eingestellt hat oder in dem es als geordneter Brauch zu Tisch und zu Bett verwandt worden ist, so lassen sich in Sonderheit solche Momente entdecken, in denen es um bloße Gewöhnung, um Gefährdungen und große Gefahren, aber auch um das Weiterleben ging.

Quasi-Rituale

Es gibt – wie die Dekadenzlinie des Ritualszerfalls deutlich zeigt – Erscheinungsformen in der säkularen Welt, die quasi-religiöse Züge tragen und eine Geltung, ähnlich stark wie in den Religionen, beanspruchen. Offenbar existiert überhaupt keine ausnahmslos säkulare Moderne, die Welt ist nach wie vor von religiösen Bräuchen geprägt. Paul Tillich[61] hat das eigentümliche Erscheinungsbild der *Civil religion* und den säkularen Bewegungen der Moderne unter dem Begriff der Quasi-Religionen zusammengefasst. Sie charakterisieren sich durch ihren ideologisch-totalitären Anspruch. Tillich nennt als Beispiele den Bolschewismus und Faschismus der 1920er und 1930er Jahre sowie den Maoismus. Sie proklamierten, das absolut Letzte einer neuartigen Geschichtsschreibung zu sein, forderten persönliche Opfer, verlangten die Preisgabe der Individualität und die bedingungslose Unterwerfung unter die *Heilbringerlehre und -gestalt*. Die sogenannten Quasi-Religionen haben von Beginn an die sogenannten Passageriten übernommen, um die Geburt, die Jugend- und Eheweihe sowie die Bestattung in ihrem Sinne zu instrumentalisieren. Die Übergangsrituale entsprechen den Erlösungsvorstellungen ihrer jeweiligen Weltanschauung.

Gehen wir einmal davon aus, dass der Mensch mit seiner Geburt, Adoleszenz, Heirat und seinem Tode nur vier große Feste mit den damit verbundenen Ritualen bzw. religiösen Riten begehen kann. Von diesen bekommt er selbst nur wenig mit. Die Taufe erlebt er passiv, die Bestattung gar nicht mehr. Was die Geburt und die Taufe betrifft, so ist er auf die Erzählungen seiner Eltern, Paten und der Familie angewiesen. Von dem mit seinem Tode verbundenen Ritual der Trauer erhält er möglicherweise im Verlauf seiner eigenen Lebensgeschichte durch den Tod seiner Eltern und anderer Menschen, denen er die letzte Ehre erweist, eine Vorahnung. Von den vier Festen bleiben ihm nur seine Firmung bzw. Konfirmation als korrespondierende Bestätigung seiner Taufe und seine Hochzeit und kirchliche Trauung in Erinnerung.

Zweifellos verdanken sich die Rituale und ihre Sinngebung der Religion und damit der Religionsgemeinschaft, die sie tradiert. Ihnen haftet, wie oben schon ausgeführt, immer etwas Archaisches und Ursprüngliches an. Sie tragen dazu bei, lebensbedrohende Erfahrungen, wie die Geburt und den Tod, zu bewältigen sowie die abrupten Umbrüche in der Adoleszenz und auf Zuneigung gegründete gegenseitige Bindung fremder Menschen zu einer ehelichen Lebensgemeinschaft zu meistern.

Rituale gleichen bewohnbaren und kulturspendenden Oasen. Sie sind immer an Zeit und Raum gebunden. Bewegungsrituale entgrenzen, und die der Ruhe führen zur Besinnung an einem Ort. So wie das Wasser einer Quelle die Oase zu einem Platz macht, an dem wir nach langer Reise ankommen und Ruhe finden, um neue Kräfte zu sammeln können und schließlich erneut aufzubrechen, so verleihen Rituale der Lebensgeschichte des Einzelnen und der Gemeinschaft ihren je eigenen Verheißungshorizont.

Exemplarische Alltags- und Festtagsrituale

Zum Beginn des Lebens

Zur Geburt eines Kindes einen Brief an einen gerade ein paar Tage alten Erdenbürger zu schreiben, hat für alle, die darin vorkommen, insbesondere jedoch für den Empfänger des Briefes wie für dessen Absender, einen besonderen Stellenwert. Der Verfasser kann die Freude der Eltern, der Geschwistern, der Großeltern und Paten in den Begrüßungen und Glückwünschen differenziert festhalten. Schließlich gewährt die Ankündigung einer Geburt genügend Zeit, sich auf sie einzustellen. Vielleicht sind die Eheleute zum ersten Mal Eltern geworden, oder die Großeltern sind glücklich über ihr erstes Enkelkind.

Eltern und Kinder haben unterschiedliche Erwartungen an den neuen Erdenbürger. Bei einer Zwillingsgeburt lässt sich der vorgeburtliche Vorsprung gemeinsamen Lebens launig ansprechen und die besondere Anstrengung der Mutter auch für die nachfolgende Zeit würdigen.

Das Neugeborene kann durch den Bruder, die Schwester oder durch beide begrüßt werden. Sie genießen einen Geburtsvorsprung, und sind, später, wenn ihr Geschwisterkind älter geworden ist, durchaus in der Lage, es gut in das Erdenleben einzuweisen.

Die Zeit des Lebensanfanges dokumentieren
Am Tag der Geburt empfiehlt es sich, die Tageszeitung (einschließlich der Werbebeilagen) aufzuheben, um sie dem Sohn oder der Tochter am 18. Geburtstag mit anderen Gaben als ein weiteres Zeitdokument zu überreichen. In einer Eckspannmappe, die mit dem Namen versehen ist, bewahrt man die Anzeige, die Glückwunschpost, die Taufurkunde und vieles andere, was im Laufe der Zeit hinzukommen ist, auf. Dazu gehört auch der Geburts-Tags-Brief. Mit einem Winzer oder Weinhändler wird eine gute Flasche Rotwein mit dem Geburtsjahrgang ausgesucht und bis zur Mündigkeit im Keller aufbewahrt. Ein hübsch gebundenes Notizbuch könte den Eltern etwas später geschenkt werden, um z.B. die ersten Worte und Sätze des Kindes festzuhalten, wobei man darauf achten sollte, auch das Datum hinzuzufügen.

Die Deutung oder die Geschichte des Namens legt einerseits Rechenschaft über die dessen Wahl ab und stellt dabei so etwas wie einen prosaischen Beipackzettel zu dem von den Eltern gewählten Vornamen dar. Der Geburts-Tags-Brief als Ritualtext hat als der erste im Leben des Kindes erhaltene Brief zu gelten, der auch für die Eltern etwas Besonderes ist. Mit der Zeit wird er für das Kind und die Eltern so etwas wie ein Familiendokument, das den wohl wichtigsten Moment des Lebens festhält. Es bietet sich auch an, ihn wie ein Begrüßungsritual am Geburtstag oder zu bestimmten Anlässen dem Kind vorzulesen, bis es ihn eines Tages selbst entziffern und begreifen kann. Der Verfasser bleibt so ein vertrauter Lebensbegleiter, auch wenn er selbst nicht mehr da ist. Als ein Beispiel sei hier folgender Brief eines Großvaters an seine Urenkelin wiedergegeben:

Meine liebe Ava,

sei Du herzlich willkommen auf dieser schönen Erde. Du bist an einem besonderen Tag geboren. Am ersten Advent im zehnten Jahr des dritten Jahrtausends bist Du auf unsere Welt gekommen. Du bist ein Sonntagskind.

In der Kirche begann mit dem Adventssonntag bereits das neue Jahr. Das hat mit den zwei Zeitzählungen auf unserer Erde zu tun. Einmal werden die Jahre, Monate, Wochen und Wochentage nach dem Kalender gezählt oder sie werden nur nach den Sonntagen und den großen Feiertagen und Festen unseres Glaubens gezählt. Der 28. November wird im Kalender einmal eine schwarze Zahl tragen, ein anderes Mal wieder eine rote Zahl, dann wenn Dein Geburtstag ein Sonntag ist.

Liebe Ava, Du trägst wie Deine Mutter Marlene und Dein Vater Yannick einen besonderen Namen. Er kommt wohl aus dem Altsächsischen und verheißt Kraft. Deine Namenspatronin, Frau Ava, soll die erste deutsche Dichterin im 12. Jahrhundert gewesen sein. Das finde ich sehr schön.

Deine lieben Eltern freuen sich mächtig, dass Du nun geboren und auf der Welt bist. Mit Mama und Papa freuen sich auch die Eltern Deiner lieben Eltern, Deine Großeltern Johannes und Beate, und die Brüder Deiner Mutter, Hosea und Ansgar, die durch Deine Geburt jetzt Deine Onkel geworden sind. Auch die Cousine und die beiden Cousins Deiner Mutter in Bremen, Anna Lena, Philipp und Tobias die drei Kinder von Stefan und Martina sind bannig stolz und froh, dass Du jetzt da bist. Aber erst recht sind wir, der Vater Deines Großvaters, Dein Urgroßvater und Lore, meine liebe Frau, sehr glücklich. Deine Tante Ka-

rin in Bremen und die andere Tante Christine, der Onkel Rüdiger und deren Sohn Dustin haben von Bochum wohl schon Deinen Eltern zu Ihrer prächtigen Tochter gratuliert. Doch damit nicht genug. Auch die Eltern Deiner Großmutter, Wilhelm und Hannchen in Neindorf, und Deine Tante Silvia freuen sich über Dein Geborensein. Doch damit gar nicht genug. Das ist ja nur die eine Hälfte der Gratulierenden.

Es gibt ja auch noch die Verwandtschaft Deines Vaters Yannick. Vom Reden und Sagen weiß ich nur, dass auch sie sehr zahlreich sein soll. Das erwähne ich nur, da dadurch Deine lieben Eltern viele Glückwünsche zu Deiner Geburt erhalten und Du hoffentlich zu Deinem Geburtstag, das ist der Tag, der einmal im Kalenderjahr an Deine Geburt erinnert, weiterhin beglückwünscht wirst.

Meine Frau Lore und ich, Deine Urgroßeltern in Bremen, sind natürlich von Herzen froh, dass Du endlich da bist und sehr dankbar, dass Du gesund bist. Das ist ein großartiges Geschenk Gottes. Lore freut sich darauf, Dich zum ersten Mal zu sehen, auf den Arm und Deine Eltern in die Arme zu nehmen. Und ich freue mich natürlich auch sehr auf Dich, sonst hätte ich diesen Brief am Altjahresabend 2010 wohl nicht geschrieben. Gott segne Dich, Du kleiner Erdenbürger. Dein Grany.

Der Segnungsritus eines Enkelkindes

Viele junge Eltern gehören nicht mehr – aus welchen Gründen auch immer – der Kirche an. Dass bedeutet aber nicht, dass sie die Religion ablehnen und nicht doch an Gott glauben. Anders ist es oft noch bei den Großeltern. Ihre Taufe, Konfirmation und Mitgliedschaft in einer der ökumenischen Kirchen empfinden sie weiter als etwas durchaus Sinnvolles. Daher ist es nicht ungebräuchlich, wenn der Großvater sein Enkelkind nach der Geburt – schon wenn es acht Tage alt ist – im Kreise der Familie und Freunde segnet. Das kann auch die Großmutter tun. Wichtig dabei ist, dass die Segnung einem bestimmten Ablauf folgt, der den Beteiligten zuvor mitgeteilt worden ist. Nichts soll dabei die Aufmerksamkeit beeinträchtigen. Die Beachtung der Form wirkt wie ein schützender Raum.

Der Ritus kann durchaus in einem aufgeräumten Wohnzimmer oder in der Sommerzeit im Garten vollzogen werden. Man zündet eine große Kerze an, die den ganzen Tag über brennt und ihn symbolisch begleitet. Die Anwesenden stellen sich in einem großen Kreis auf. Vor und nach dem Segen singen sie gemeinsam einen Choral (EG) oder ein anderes geeignetes Lied.[62]

Der Segnende schaut jeden in der Runde an, faltet die Hände, schweigt und bekreuzigt sich mit den Worten: *„Im Namen Gottes, des Vaters und des Sohnes und des Heiligen Geistes."* Die anderen antworten mit einem *„Amen."* Daraufhin liest er beispielsweise den 8. oder 23. Psalm oder die „Seligpreisungen" der Bergpredigt (Matthäus 5, 4-10) vor. Erneut bestätigen die im Kreis Stehenden seine Worte mit einem *„Amen."* Nun treten die Mutter mit dem Säugling und der Vater in die Mitte, danach der segnende Großvater; er legt seine Hände auf das Haupt des Kindes, schaut es lange an, nennt es bei seinem Vornamen und sagt: *„Es segne und behüte Dich der allmächtige und barmherzige Gott, der Vater, der Sohn und der Heilige Geist."* Dabei zeichnet er ein Kreuz auf die Stirn des Kindes. Sein „Amen" wird von den anderen wiederholt, und nach einer kleinen Pause sprechen alle das *Vaterunser*.

Das Elternpaar tritt mit dem Kind und dem Großvater in den Kreis zurück. Er wendet sich dem von ihm rechts Stehenden zu, fasst seine Hände, verkündet *„Der Segen Gottes sei mit dir"* und erhält zur Antwort: *„Und mit dir."* Ist der Wechselgruß wieder bei dem Großvater angelangt, bekräftigt er das Ganze nochmals mit einem *„Amen"* und fordert zum Singen eines Liedes auf, an das sich die Glückwüsche zur Geburt anschließen.

Die Großelternreise mit dem Enkelkind

Seitens der Großeltern mütterlicher- und väterlicherseits oder nur von einem der beiden bekommt das Enkelkind, wenn es etwa zwölf Jahre alt geworden ist, eine kleine Städte-Reise geschenkt. Mit ihr wird der Alltag nicht nur bewusst unterbrochen, die Exklusivität des Vorhabens besteht auch darin, einmal ohne die Eltern und die Geschwister zu verreisen. Für das Kind bedeutet die Einladung etwas Außergewöhnliches. Zugleich soll es von dem, was ihm die fremde Stadt bietet, überrascht werden.

Zur Vorbereitung gehört, mit den Eltern den Zeitpunkt und das Ziel der Reise abzustimmen und darüber Stillschweigen zu vereinbaren. Die Vorfreude soll erst mit der schriftlichen Einladung geweckt werden. Aus der Fülle der Sehenswürdigkeiten und den mit ihnen verbundenen Eindrücken sind nur solche ins Auge zu fassen, die dem Alter und der Mentalität des Kindes entsprechen. Ebenso sollte über ein kinderfreundliches Hotel, ein Theater in der Stadt oder ein besonderes Konzert mit geeigneten Musikstücken nachgedacht werden. Ist der Besuch einer Kirche im Programm enthalten, sollten sich die großelterlichen Reisepartner auf die Fragen des Kindes einstellen. Wichtig ist, das Hotel mit zwei bis drei Übernachtungen sowie den Zug rechtzeitig zu buchen. Für das Enkelkind ist dabei die Fahrt bis zum 14. Lebensjahr kostenfrei.

Obwohl es sich nur um drei oder vier Tage handelt, haben es die Erlebnisse und Eindrücke der Beteiligten in sich: Der alt gewordene Mensch betrachtet die Welt mit den Augen eines Kindes, und der Enkel erfährt unmittelbar, wie der Großvater oder die Großmutter die Welt verstehen. Beide Seiten nehmen sich viel Zeit füreinander, geraten ins Staunen, machen sich auf dieses oder jenes aufmerksam, sprechen über ihre Eindrücke, verwöhnen sich und lernen, wie unterschiedlich die Wahrnehmungen sind. Später wäre es sinnvoll, wenn die großelterlichen Reisekameraden ihre Tagebuchnotizen zusammen mit ausgewählten Bildern, Postkarten, Prospektausschnitten dem Enkelkind als Geschenk, vielleicht in einem hübsch ausgestatteten Band, überreichen.

Den Enkel-Konfirmanden begleiten

Unabhängig von den Plänen der Paten können die Großeltern dem Enkelkind, das sich zum Konfirmandenunterricht angemeldet hat, anbieten, es während dieser Zeit zu begleiten. Das geschieht durch gemeinsame monatliche Gottesdienstbesuche und Verabredungen, die mit dem Unterricht in einem Zusammenhang stehen. Die großelterliche Aufmerksamkeit lässt sich auch mit einer Einladung zum Essen verbinden. Die Nähe der Erwachsenen, die bereits jetzt und nicht erst am Einsegnungstag am Gottesdienst des Konfirmanden teilnehmen, der Liturgie folgen, den Lesungen und der Predigt zuhören, die Lieder mitsingen und auch die Hände zum Gebet falten, eröffnet einen generationenübergreifenden sowie persönlichen Vertrauenshorizont des Glaubens. Warum sollen die Großeltern ihrem Enkel beispielsweise nicht ihre Tauf-, Konfirmations- und Traukirche zeigen und von ihrem Glauben erzählen? Für das Enkelkind ist es sicher etwas Besonderes, mit ihnen die Kirche, in der sie vor weit mehr als einem halben

Jahrhundert eingesegnet worden sind, aufzusuchen. Zu den kleinen „Exkursionen des Glaubens" mag das Gespräch über den unterschiedlichen Konfirmandenunterricht und über dessen Anforderungen (Hauptstücke des Glaubens) im Zeitenwandel hinzutreten. Die Großeltern legen dabei wie von selbst Rechenschaft über den Stellenwert des Glaubens in ihrer eigenen Lebensgeschichte ab.

Ein Tauferinnerungsritual: Sich bekreuzigen

Sich bekreuzigen oder ein Kreuz schlagen, ist ein altes gottesdienstliches Ritual, das an die Taufe erinnert. Darauf in bestimmten Lebenssituationen zurückzugreifen, signalisiert auch die selbstverständliche Zugehörigkeit zur Kirche. Es geschieht leiblich, sichtbar und hörbar unter Anrufen des dreieinigen Gottes. Der katholische Christ greift beim Betreten einer Kirche in das Weihwasserbecken und bekreuzigt sich, zum Altar gewandt, mit einem leichten Beugen des rechten Knies. Dem evangelischen Gläubigen macht Martin Luthers Morgen- und Abendsegen täglich bewusst, dass er getauft worden ist. Wenn er will, kann auch er sich bekreuzigen.

Das wegen seiner ungleichen Balkenlänge sogenannte lateinische Kreuz ist in drei Schritten mit dem trinitarischen Segenswort verbunden: Mit aneinander gelegten Mittel- und Zeigefinger und dem Daumen der rechten Hand wird zuerst eine lange senkrechte Linie von der Mitte der Stirn mit einer Berührung und den Worten *„Im Namen Gottes"* bis zur Mitte der Brust mit den Worten *„des Vaters"* gezeichnet. Es folgt im rechten Winkel dazu eine kürzere horizontale Linie, begleitet von den Worten *„und des Sohnes"*, unterbrochen von der linken zur rechten Schulterblatthöhe sowie beide Seiten berührend. Anschließend legt der Gläubige die Hände mit den Worten *„und des Heiligen Geistes"* senkrecht an den Handflächen zusammen oder faltet sie zu einer Gebetshaltung, die mit einem *„Amen"* die Segnung beendet.

Symbolisch beten an einem dritten Ort

Das daheim gepflegte Tischgebet, das jemand für sich allein oder mit anderen vollzieht und das gemeinsam gesprochen wird, lässt sich offenbar nicht so ohne weiteres in einen Schnellimbiss, eine Kantine, ein Restaurant oder an den Tisch von Gastgebern übertragen. Stehen dem – im Gegensatz zur Öffentlichkeit eigenen Betens in der Kirche – im Restaurant persönliche Hemmungen entgegen? Was hindert eigentlich den Gäubigen daran, mit zusammengelegten Händen, aufrecht sitzend, den Kopf ein wenig geneigt und die Augen geschlossen, Gott für die Mahlzeit zu danken? Muss er befürchten, dass er damit aneckt? In der Regel akzeptieren die anderen Personen im Restaurant sein Ritual durchaus. Wird der Betende darauf angesprochen, muss er sich auf keine Diskussion einlassen. Sein Gebet bedarf keiner Legitimation.

Die nonverbale Möglichkeit besteht darin, das häusliche Tischgebet mehrerer Personen symbolisch in den öffentlichen Raum zu übertragen. Der Brauch, Gott für die Gaben zu danken, ihn um seinen Segen oder seinen Sohn zu Tisch zu bitten, schließt mit einem gemeinsamen Amen. Man schaut einander in die Augen, fasst sich an den Händen und wünscht sich „Guten Appetit" – eine vertraute Geste, die dem Tischritual eine andere Gestalt gibt.

Hochzeit

Das Paar entschloss sich, nach langem Hin und Her, zehn Wochen vor dem errechneten Geburtstermin der Zwillinge zu heiraten. Eine kirchliche Trauung wollte es nicht. Bei dem festlichen Ritual, das mit einem guten Essen in einem hochsommerlichen Wirtshausgarten einherging, sollte auch das Hochzeitsgeschenk der Brauteltern übergeben und zugleich etwas über die Bedeutung des Tages gesagt werden. Die baldige Mutter erhielt einen Thonet-Schaukelstuhl zum Stillen ihrer Kinder, und der Vater, sollte er sich, von seiner neuen Bürde geplagt, darin ausruhen, bekam eine Flasche kostbaren Weines. Damit war aber etwas Besonderes verbunden, wie die nachfolgende Rede offenbart:

Liebe Karin, lieber Knut, hochzeitsgesellige Verwandte
und Freunde der beiden nun glücklich Verheirateten!

Ich bin damit betraut worden, Euch beiden eine höchst, pardon, hochzeiti-
ge Rede zu halten. Schließlich und endlich habt Ihr ja heute geheiratet. Was
auch immer davon zu halten ist – dass ich das übernehme. Meine Rede soll nicht
ungehalten bleiben, auf dass keiner am heutigen Tage ungehalten werde. Ich
tue das sehr gern und werde mich bei Eurem Sommerfest zu der Erntezeit Eu-
res Lebens fest an den vorgeschriebenen Text halten.

Was könnte zu Eurer Vermählung, zu unserem gemeinsamen Mahl hier im
Sommergarten in Fischerhude und an allen folgenden Festzeiten Eures Lebens
treffender erscheinen als ein Wort des alten Geheimrats Johann Wolfgang von
Goethe aus seinem Schauspiel Götz von Berlichingen: „Der Wein erfreut des
Menschen Herz, und die Freudigkeit ist die Mutter aller Tugenden."

Das ist mein mir von Deiner Mutter, von Deiner Schwiegermutter vorgege-
bener Rede-Text. Er besteht aus einer Flasche Grand Cru Classe, Jahrgang
1996 – ein großer Jahrgang. Seit 1855 wird von einer gewichtigen Kommissi-
on unter 61 Schlössern im Medoc und Graves-Gebiet der Wein nach Anbau
und Qualität in fünf Güteklassen ausgewählt. Stets wird ein Jahrgang prä-
miert. Was diesem großen Gewächs der französischen Weinklassifizierung recht
ist, kann euch nun nur billig sein: Einander auswählen, kosten, schmecken und
schließlich festlich zueinander ja sagen.

Die weinstockartigen Anbaugebiete Eurer bisherigen Lebensgeschichte –
Australien, Südafrika und Europa, Norddeutschland, Dänemark und Hamburg
sprechen für sich und für Euch. Feines Essen, ebensolche Getränke und Tisch-
gespräche wisst Ihr zu schätzen. Schließlich seid Ihr ja geschlechtsspezifische
Repräsentanten der heutigen Spaßgesellschaft.

Beginnt nun der berühmt-berüchtigte Ernst des Lebens? Jetzt kommt dem
quantitativen Eisprung Eurer Erkenntnis kreatürlich eine andere Qualität zu.
Die andeutungsweise Quantität verwandelt sich in Qualität. Ich denke an die
Freude, an das Staunen, an das Wundern über eure Geschöpfe. Doch noch ist
es nicht soweit. Nichts ist so beständig wie der Wandel, denke ich an Euch un-
behausten Menschenkinder mit dem alternativen Lebensstil.

Der Bordeaux ist von seinem Wesen her anders. Er ist häuslicher veran-
lagt. Das Chateau des Bordeaux, das Chateau Branaire-Ducru, ist nicht nur

ein Weingut, vielmehr ein inter-nettes Schloss. Der andere große Dichter aus Weimar, der friderizianische Schiller, sang noch als Jüngling am Bache:

Komm herab, du schöne Holde,
und verlass dein stolzes Schloss!
Blumen, die der Lenz geboren,
streu ich dir in deinen Schoß.
Horch, der Hain erschallt von Liedern,
und die Quelle rieselt klar.
Raum ist in der kleinsten Hütte
für ein glücklich liebend Paar.

Kanntest Du, kennst Du, Knut, dieses Lied? Hast Du, Karin, es Knut jemals singen hören? Sei's drum. Doch was wusste der Dichter schon von Deiner eigenen, von Eurer Zeit- und Raumnot vergangener und zukünftiger Wochen und Tage? Von Eurem Bei- und Miteinanderbleiben, von Deinem Werden, ja, von Eurem Sein schlechthin? Was von der wundersamen Verdopplung Eurer selbst?

Aus dem heiligen Julien-Frankreich mit seiner Schlossabfüllung empfangt Ihr heute weinselige Weisheit. Dieser rote Bordeaux in seinem Charme und seiner Eleganz funkelt Euch an. Er spricht an. Und was sagt er?

Auch Ihr könnt weiterhin Charme und Eleganz in Eurer Zwei-, ja, Viersamkeit, Mehrsamkeit pflegen. Habt Geduld in der Ungeduld Eurer Herzen, miteinander. Er bekennt: Auch ich bin reich an Geschmackstoffen, überreich an Körper, noch von mangelnder Feinheit, anfangs ohne Harmonie gewesen, unabgestimmt am Inhalt in meiner Gärung, mitunter hart, herb.

Und er fährt fort: Auch ich habe einen langen Reifungsprozess durchmachen müssen von der Lese an, bis Ihr mein Bukett mit allen fünf Sinnen genießen können werdet. Auch ich bin so erst geworden und befinde mich noch im Werden. Mag sein, dass Ihr mich bereits (frühestens) in zehn Jahren rosenhochzeitlich kosten wollt. Oder wenn Euer heutiges Versprechen sich einst gläsern oder porzellanen oder silbern jährt.

Mein erlesener Saft aus der Merlot-Traube und meiner Partnerin Cabernet Sauvignon stammt von gutem Boden, kommt sozusagen aus gutem Haus - wie Ihr. Doch Bordeaux liebt kein Nomadenleben. Ich gedeihe nicht auf dem Dachboden abgestellter Angelegenheiten. Ich leide unter Überhitzungen im Heizungskeller der Gefühle.

Also gebt nicht nur mir die Zeit und Geduld, die ich brauche. Nehmt sie Euch selbst, tut es gemeinsam: Kernig konzentriert, tief komplex, um in den kommenden Jahren langsam reifen zu können. Es ist ein langer Weg der Reife, immer wieder die süßen Trauben der Liebe zu ernten und zu teilen.

In den Korken meiner Flasche ist ein altes dänisches Sprichwort geb(r)annt, das ihr im Alter, das auch ich ansetze, lesen werdet. Ich verrate es Euch jetzt schon: „Vorlings leben und rücklings verstehen." – Soweit der Bordeaux. Nun zu uns: Wir wünschen Euch den Zauber der offenen Zeit, die Ihr füreinander finden werdet. Wir wünschen Euch, dass Ihr miteinander das mitunter hart gewordene Brot gegenseitiger Vergebung brecht. Wir wünschen, dass Ihr immer wieder einander den festlichen Kelch der Versöhnung reicht.

Punktum und auf Euer Wohl!

Versöhnung in sieben Schritten

Die Struktur des Rituals der Versöhnung[63] lässt sich bildlich anhand eines gleichschenkligen Dreiecks beschreiben: Die beiden unteren Eckpunkte stellen die zerstrittenen Personen dar, der obere Schenkel steht für den unparteiischen, unbeteiligten und kompetenten Dritten, der, dem Wunsche der Kontrahenten folgend, eine Verständigung herbeiführen soll. Als Ansprechpartner und, wenn man so will, als Platzhalter Gottes, nimmt er einen Versöhnungsauftrag wahr, der dem Inhalt nach der fünften Bitte des Vaterunsers: *„Vergib uns unsere Schuld, wie wir vergeben unseren Schuldigern"* gleichkommt.

Die sprichwörtliche Ebene der miteinander Streitenden (z.B. Verwandte, Freunde) ist von Verhaltensmustern und hohen Identifizierungsanteilen geprägt, die den anderen ins Unrecht und sich selbst ins Recht setzen. Zweifellos geschieht zwischen Menschen leicht etwas Schlimmes, aber zugleich auch Verzeihliches, das sich bei genauerer Betrachtung als geringfügig erweist und durch Einsicht zu überwinden ist. Ist die Kränkung aber ernster Natur, könnte die Beziehung zweier Menschen auf dem Spiel stehen. Unter Umständen führt die Verletzung sogar zu einem Bruch zwischen denen, die einander sehr nahe gestanden oder sich einmal sehr geliebt haben.

Der erste Schritt: Die Gewissenserforschung

Zunächst mag der Gekränkte versucht sein, der Bitte des anderen um Nachsicht Folgendes zu erwidern: *„Vergeben will ich wohl, aber vergessen kann ich nicht."* Hält der aber nun dagegen, etwas zu vergeben, bedeute auch, etwas zu vergessen, löst das vielleicht ein vergeltendes Denken aus, möglicherweise aber auch eine zusätzliche Kränkung.

Der zweite Schritt: Reue auf beiden Seiten

Sind die Gegner wirklich zur Versöhnung bereit, liegt ihnen wirklich an einem Neuanfang, so gehört dazu, dass der Einzelne seine Schuld erkennt, sie ihn reut, er zu ihr steht, dafür gerade steht und sich nicht weiter herausredet. Andererseits erklärt sich der Verletzte bereit, nicht weiter alles auf die Goldwaage zu legen und seine vielleicht allzu strenge Haltung zu überdenken.

Der dritte Schritt: Die Zeit der Askese

Grundvoraussetzung für eine heilsame Wirkung des Rituals ist die Verschwiegenheit anderen gegenüber. Als asketische Zurückhaltung empfiehlt es sich, z.B. das Mobiltelefon für geraume Zeit abzuschalten und selbst mit der besten Freundin oder dem besten Freund nicht über den schwelenden Konflikt zu reden.

Der vierte Schritt: Behutsam miteinander umgehen

Mit der Vergebung stellt der Beleidigte die Selbstachtung des anderen wieder her. Gehen beide den Weg zur Versöhnung, so steht derjenige, an dem das Unrecht begangen worden ist, wieder in einem mehr gleichwertigeren Verhältnis zu dem, der das Unrecht verursacht hat. Die Beidseitigkeit der Verrsöhnungsbereitschaft setzt für jeden voraus, einen Schritt auf den anderen zuzugehen.

Der fünfte Schritt: Die gemeinsam ausgesprochene Bitte

Die Verabredung zur Verständigung ist sowohl in einer vertrauten als auch in einer fremden Kirche mit einem Geistlichen zu vereinbaren. Zur Kompetenz des Vermittelnden gehört Vertrauen, d.h. er muss nicht unbedingt viel über die Konfliktlage wissen, aber ihm wird zuerkannt, den Beteiligten einen Weg aufzuzeigen, an dessen Ende eine Befriedung steht. Das Ritual gehört zur Bußfähig- und Bußfertigkeit, ermöglicht radikale Umkehr und einen Neuanfang.

Der sechste Schritt: Das innere Opfer

Es empfiehlt sich, dass die Streitenden – ohne zu wissen, was der andere schreibt oder dass er es später erfährt – jeder für sich darlegen, was ihn am anderen zutiefst bedrückt und missfällt. Ein solcher Brief will, ist er ernst gemeint, überlegt sein und braucht seine Zeit. Die damit verbundene Kennzeichnung der eigenen Befindlichkeit und die Tatsache, sich diese beim Lesen nochmals vor Augen zu halten, löst einen schmerzlichen Prozess aus und führt in eine selbstgewählte, keineswegs trostlose Abgeschiedenheit führt. Der Brief wird in einen Umschlag gesteckt, zugeklebt und lediglich mit dem eigenen Vor- und Nachnamen und Datum versehen.

Der siebte Schritt: Der Ort der Vergebung

Wie bei dem Ritual am Taufbecken treten beide zum Altar, stellen sich einander gegenüber und schweigen. Von dem Dritten aufgefordert, übergeben sie ihm ihren Brief, der auf den Altar in eine kleine Feuerschale gelegt wird. Gemeinsam und zum Altar hin gewandt beten und sprechen beide, unterbrochen von einem Schweigen, mehrfach die fünfte Bitte des Vaterunsers: *„Herr, vergib uns unsere Schuld, wie auch wir vergeben unseren Schuldigern."*
Der Schlichter verbrennt die Umschläge zu Asche. Die Versöhnenden sehen sich aufmerksam an, gehen langsam aufeinander zu, wobei jeder noch einmal die fünfte Bitte wiederholt und die Hände des anderen ergreift. Der Dritte im Bunde legt seine Hände darauf und spricht wie bei der Tauferinnerung die Worte:

„Im Namen Gottes, des Vaters und des Sohnes und des Heiligen Geistes." Sie antworten mit einem *„Amen"*.

Gespräch zum Altengeburtstag

Mitunter haben hohe Geburtstagsfeiern etwas von der Premiere der eigenen Beerdigung an sich: In den Nachgesprächen auf dem Weg vom Grab sowie beim Trauermahl fällt schon manchmal der Satz: *„Ich hätte ihn doch gern noch dieses oder jenes gefragt."* Gelegentlich ist auch ein Bedauern zu hören: *„Leider ist es zu einer Aussprache nicht mehr gekommen."* Der Tote ist während des Leichenschmaus' ungemein präsent. Dennoch bleiben die um ihn Trauernden mit ihren Fragen allein und werden sich ihrer eigenen Lebensgrenze bewusst. Man tut gut daran, sich frühzeitig um wichtige Fragen zu kümmern und so das *„Hätte ich doch"* so weit wie möglich zu vermeiden.

An die Stelle der Geburtstagsfeier mit Reden, Liedern, Albernheiten, diversen Speisen und Getränken am Vor- und Nachmittag sowie am Abend tritt bewusst das Rückerinnern eines Sohnes oder einer Tochter an wichtige oder typische Begebenheiten, die sich in der Kindheit oder Jugendzeit im Elternhaus zugetragen haben. Ein Gespräch könnte sich anschließen und über Dinge aufklären, die sonst im Verborgenen bleiben würden und das nur mit den eigenen Kindern – also ohne die Schwiegerkinder, Lebenspartner, Enkelkinder etc. – geführt werden sollte. Dabei sind alle beiläufigen Redensarten über Politik, Wetter und Sport, den Straßenverkehr oder die letzte Fernsehsendung zu vermeiden. Es geht darum, sich die gegenseitige Befindlichkeit vor Augen zu führen und sich den lebensgeschichtlichen Aspekten der jeweiligen Kindheit und Jugend im Elternhaus zu widmen. Wie also haben die Kinder die mit ihrem Vater und ihrer Mutter verbrachte Lebenszeit in Erinnerung? Längst haben die Eltern, so ist zu hoffen, aufgehört, sie noch erziehen zu wollen. Als inzwischen Erwachsene sind sie selbst als Eltern gefordert und in der Situation, nun ihre eigenen Kindern nach bestem Wissen und Gewissen zu behandeln. Durchaus möglich, dass es zu einer interessanten Begegnung kommt, sind doch die Kinder nicht nur angehalten, über sich als einstige Heranwachsende nachzudenken, sondern sich auch darüber klar zu werden, wie sie nun selbst mit ihren Kindern und ihrem Partner umgehen. Die Unterhaltung kann im Laufe eines längeren Spazierganges erfolgen, an den sich gegen Abend ein Essen in einem mehr festlichen Rahmen anschließt.

Der 75. Geburtstag – ein Beispiel

Im Leben eines Menschen stellen Geburtstage eine Besonderheit dar. Das gilt insbesondere für sogenannte Ehrentage, wie das Erreichen des 50., 60. oder 75. Lebensjahres. Sie feierlich zu begehen, ist ein Brauch, der über den Alltag hinausweist und gut gepflegt sein will. Dazu bietet sich eine Rede an, wie z.B. die folgende:

Lieber Vater, Ihr mir Lieben, so sitzen wir also wieder zusammen. Wie gut. Doch nach meinen Ausführungen zum 50., 60. und zum 70. heute keine von mir. Da musst du wohl bis zum 80. warten. Ich habe mir etwas anderes als Geschenk, eine Aufmerksamkeit ausgedacht. 70 geteilt durch zehn sind bekanntlich sieben. So gibt es zwischen den einzelnen Gängen dieses Festmahles sieben Erinnerungen von mir.

Das ist so gedacht, dass Ihr mit Euren Eindrücken und Erlebnissen anknüpfen könnt und sollt. Jeder ist – so er mag, kann oder will – zum Weiterspinnen an diesem besonderen Geburtstagstext zum Weitererzählen eingeladen.

Die erste Erinnerung

Von der ersten Geschichte weiß ich selbst nicht so viel, doch sie ist mir nicht nur wieder und wieder erzählt worden, sondern auch von einem so tief innerlichen Gefühl her vertraut, dass ich sie doch als älteste Erinnerung erzählen will. Ich war zwei, vielleicht drei Jahre alt. Der damals Woche für Woche sich in Berlin herumtreibende Vater sollte wieder zum Wochenende kommen, zu Deinem so überaus geschätzten Kaffeetrinken.

Vater liebte das Kaffeetrinken sicherlich wegen des damit einhergehenden Austausches – er ist ein ganz und gar auf Austausch angewiesener Mensch. Er brauchte es auch nicht nur wegen des Koffeinschubs, sondern auch wegen der Zuckerzufuhr. Schließlich ist er, was mir erst sehr spät deutlich wurde, auch ein Süßmäulchen, ein leidenschaftlicher Kuchenesser.

Muttis kleines Hannerle wollte sich für den ersehnten Vater schön machen. Schließlich hatte er ihn schon reichlich vermisst, und da wollte er doch von seinem großen mächtigen König gesehen werden. Also stieg Hannerle am Waschbecken im Badezimmer auf den Eimer, der für die Stoffwindeln seines kleinen Bruders bestimmt war und suchte vor dem Spiegel mit einem Kamm sein weißblondes Michel-aus-Löneberga-Haar zu glätten. Dafür war er aber offenbar doch schon zu groß und zu gewichtig, so dass der Deckel des Windeleimers nachgab und er mit dem Kinn auf dem Waschbecken aufschlug, wobei er sich ein kleines Stück seiner Zunge abbiss. Aus dem angesagten Kaffeetrinken und Vatertrinken oder – aus einer anderen Perspektive – aus dem Ehemanntrinken wurde nichts.

An dieser Stelle böte es sich an, die Rede zu unterbrechen und Raum zu geben für andere Unfall- und Krankengeschichten. Vermaledeite Erlebnisse aus früher Zeit. Nahezu jedem dürfte etwas einfallen.

Die zweite Erinnerung

Der kleine Johannes kommt von der Schule nach Hause. Er ist nun elf Jahre alt. Schon beim Klingeln spürt er ein eigentümliches Vibrieren der Luft, ein ungutes. Das Gesicht der Mutter macht ihn erschrecken. Es muss etwas passiert sein.
Die Mutter fragt auch nicht, wie es in der Schule war, das tut sie sonst immer, mehr mechanisch als wirklich, selbst dann, wenn sie mit ihren Gedanken ganz woanders ist. Aber sie ist ihm gleichwohl zugewandt. Johannes atmet schwer, mag nichts sagen. Wagt es nicht. Ist etwas mit dem Vater passiert, das ist seine größte Sorge. Dann die Worte der Mutter:" Mein Hannerle, Dein lieber Herr Schwoch ist gestorben."
So trat der Tod erneut in mein Leben. Es gab zwar schon einen früheren, als meine Urgroßmutter, deine Großmutter, lieber Vater, starb. Das war im März 1970. Auch daran habe ich noch Erinnerungen. Was ich damals wusste und hörte, war, dass sie an einem Schlag gestorben sei. Wieso fuhren die Eltern dauernd zu dieser steinalten, immer schwarz gekleideten, von der fidelen Tante Gertrud umgebenen Oma hin? Um zu sehen, dass sie ihre Finger in die Steckdose steckte…

Der Tod meines Grundschullehrers Schwoch ist ein Einschnitt in meinem Leben gewesen. Und ich wurde fortan wiederholt mit dem Dunklen des Todes konfrontiert. Manchmal bin ich ein wenig neidisch auf jene, die keine schweren Verlusterfahrungen mit sich schleppen müssen.

Weil ich meinen Grundschullehrer so liebte, schämte ich mich, vor Mutter zu weinen. Aber als der Abend einbrach, weinte ich das Kopfkissen voll. Und als der Vater kam und seinen in Tränen aufgelösten Sohn sah, betete er mit ihm laut Worte des 23. Psalms, den des guten Hirten. Vater, ich danke Dir sehr für die Hilfe und diese Geste. Die Zeilen des Beschützt-Sein-Fühlens auch in schweren Zeiten begleiten mich durch mein Leben.

An dieser Stille ließe sich innehalten und die Frage nach der Bedeutung der Religion im Leben stellen, wo und wann sie wichtig und wo sie nicht so wichtig ist, vielleicht auch, wo sie nur als ein väterliches Erbe ausgemacht werden kann.

Die dritte Erinnerung

Ich beginne sie mit einem philosophischen Zitat, als Hommage an den Vater, der seine Kinder immer ins Geistige heben und aufklären wollte. Ich zitiere natürlich keinen anderen als Immanuel Kant:[64] „Aufklärung ist der Ausgang des Menschen aus seiner selbstverschuldeten Unmündigkeit. Unmündigkeit ist das Unvermögen, sich seines Verstandes ohne Leitung eines anderen zu bedienen." Ach ja, die Aufklärung, ich treibe ein wenig das antigeistige Gegenprogramm und rede jetzt lieber von der sexuellen Aufklärung, welch' hochnotpeinliches Kapitel.

Vater und ich spaziertem an der Weser entlang. Ich weiß nicht mehr, ob er zur Arbeit und ich in die Schule ging. An dem Tage meinte mein Vater, mich sexuell aufklären zu müssen. Dabei hatte es doch seine Frau schon viele, viele Jahre vorher schon getan, mit Hilfe eines Kinderbuches – den Titel weiß ich nicht mehr genau, die Schreibschrift auf dem Titel, irgendetwas mit Blumen, ist noch nicht verblasst.

Für Mutti rächte sich das insofern bitter, als wir in Folge dessen wieder einmal in Langeoog weilten, vor dem Wellenschwimmbad standen und wir nicht schwimmen gehen durften, stattdessen in einem Pulk schaulustiger Menschen den fröhlich juchzenden Badenden während des Wellengangs zuguckten. Mein sichtlich resignierter, aber allzu lauter Kommentar: „Ach ja, du hast wohl deine Tage." Zurück zum besagten Gang mit dem Vater. Ihm war es peinlich, mir war es peinlich, und wir waren beide sichtlich erleichtert, als das lästige Gespräch zu Ende war und wir uns wieder trennten.

Hier ließe sich erzählen oder berichten, wie man selbst sexuell aufgeklärt worden ist.

Die vierte Erinnerung

Vater hatte ein Seminar. Und was ich darüber jetzt schildere, möchte ich mit einem herzlichen Dank verbinden, hast Du mich doch später öfter als Referent eingeladen in der Hoffnung, ich würde dadurch einmal leichter beruflich Fuß fassen. Was ich erzählen will, ist die Geschichte, die sich am letzten Abend einer Familienfreizeit auf Langeoog zugetragen hat. Es sollte eine gemeinsame Abendmahlsfeier geben, wozu Mutter einen wunderschönen Keramikkrug, ich glaube aus dem Töpferladen im Schnoor, mit gleich glasierten Bechern besorgt hatte. Das Abendmahl ging dann völlig in die Hose. Die nicht nur kulturgeschichtlich bedeutsame Tradition, sondern das auch für unseren Vater lebensgeschichtlich wichtige Ritual wurde mit obszönen Witzen kommentiert, und selbst seine Frau hielt an jenem Abend nicht eindeutig zu ihm. Plötzlich war Vater verschwunden.

Mir schwante etwas, ich suchte und fand ihn weinend, wie ein Kind, weniger trotzig als vielmehr verzweifelt. Ich versuchte, ihn zu trösten. Wohl mehr schlecht als recht. Was ich mit der Geschichte verbinde, ist Folgendes: Menschen, die aus beruflichen Gründen gezwungen sind, ein Über-Ich zu leben, reagieren leicht empfindsam und sind mitunter nicht leicht zugänglich. Der beste Kontakt zu Dir, lieber Vater, ist immer dann gegeben, wenn Du nicht selbst betroffen und Dich nicht verbarrikadieren musst.

Auch hier ist vorstellbar, dass andere erzählen, ob und welche Erinnerungen sie an ein Erlebnis mit ähnlichen Empfindsamkeiten haben.

Die fünfte Erinnerung

Eine Geschichte aus meinen Jahren Anfang der Zwanziger. Mit dem Vater beim Psychoanalytiker. Ja, auch das hat es in meinem Leben gegeben. Das Ganze spielte sich in Göttingen ab. Meine Schwester machte damals eine psychosomatisch orientierte Kur, und aus irgendeinem Grunde wollte der Analytiker die Eltern und mich sehen. Das Komische an der Situation war, wie mir der Analytiker und mein Vater dabei vorkamen. Wollte man die beiden Männer als Tiergestalten darstellen, so säßen sie sich gegenüber wie ein Walross (mein Vater) und ein Ziegenbock. Darüber ließe sich durchaus eine lustig gereimte Ballade verfassen. Warum ich die Geschichte erzähle, und mit welchem Dank ich sie verbinde, ist Deine Gabe, sich Vorhaltungen in Ruhe anzuhören, sie auszuhalten und ihnen dennoch nicht zu folgen.

Jeder dürfte in seinem Leben schon einmal in eine Situation geraten sein, für Dinge verantwortlich gemacht zu werden, die komplexer sind, als es auf den ersten Blick erscheinen mag. Und manch einer kann dafür ein Bespiel nennen.

Die sechste Erinnerung

Nun zu meinen Leben Anfang der Dreißiger. Neben den guten Erinnerungen sind auch die Tage nach dem Tod Deiner ersten Frau, unserer Mutter, zu erwähnen. Mutti ist ja inzwischen schon achtzehn Jahre tot. Ich erinnere die Tage als sehr dicht, und auch wenn sie bis dahin zu dem Schwersten gehörten, was ich in meinem Leben erleben musste, so steht mir doch auch das Gute vor Augen: Die warmherzige Nähe zum Vater und zu Euch Geschwistern.

Aber ich möchte Deinen Blick, lieber Vater, angesichts der schmerzlichen Erwähnung dieser Tage im malvenschwarzfarbenen Juli 1993 noch auf ein anderes Bild lenken: die Erinnerung an Deine Mutter. Sie kam noch am Spätnachmittag des Sonntags herbeigeeilt und setzte sich in die noch vom Schock versteinerte Runde. Irgendwann hielt sie die Stille und die Erstarrung nicht mehr aus, schluchzte und jammerte auf: „Warum weint oder schreit hier keiner?"

Vergleichbare Situationen sind vielen von uns schon einmal begegnet, und so gäbe es auch hier die Möglichkeit, Erlebnisse und Gefühle miteinander auszutauschen.

Die siebte Erinnerung

Nun also etwas aus dem Anfang meiner Vierziger. Ich will der Erinnerung den Ehrentitel geben: Den Vater im Gespräch erleben. Ich möchte ihn als einen Menschen schildern, der vielleicht am liebsten sitzt, sich dabei zurücklehnt und Wein einschenkt in Erwartung eines guten Gespräches – Begegnungen, die natürlich rar geworden sind, aber sich kompensieren lassen, zum Beispiel mit dem Sonntagsanruf aus Berlin. Man erzählt einander die Geschichten der Woche. Das ist mir wichtig. Und wenn all das, was passiert ist, am Sonntag miteinander beredet ist, stellt sich das Geschehene schon nicht mehr so schlimm dar, wie es zuvor ausgesehen haben mag.

Einer der Anrufe ist mir besonders haften geblieben. Vielleicht hättest Du Dich aus Deinem Wohlfühlsessel nicht zu mir aufgemacht, wenn Lore nicht ein bisschen in Dich gegangen wäre. Du kamst aus Bremen angereist. Wir gingen am Wannsee spazieren, und Du hattest mehr als ein Ohr für mich. Wie wir alle wissen, kannst Du ein ausdauernder Zuhörer sein. Ich erzählte nicht nur von meinem aktuellen Schlamassel, sondern vertraute Dir meine ganze Ehegeschichte an und den Wunsch, mich aus ihr zu entwinden. Als Du später wieder den Zug bestiegst, gab es die von uns allen immer wieder gefürchtete barsche Reaktion: Es sei ein „Krankenbesuch" gewesen. Nicht mehr und nicht weniger. Das tat weh, aber natürlich lagst Du wieder einmal richtig.

An ein wirklich gutes und hilfreiches Gespräch wird sich bestimmt jeder gut und gern erinnern, auch das eine Gelegenheit, einander näher zu kommen.

Nachrede

Vielleicht, lieber Vater, fragst du Dich jetzt, warum sieben Geschichten, ich bin doch nicht 70, sondern 75 geworden. Meine Antwort darauf ist: Den Rest heben wir uns auf. Wir tun es wie die Juden am Sabbat, wenn sie den Stuhl für den Propheten Elias freihalten. Und so Gott will, und wir alle leben, werden wir uns an Deinem 80. Geburtstag wiedertreffen und uns erneut aneinander erfreuen.

Den Tag verabschieden

Das Abendritual scheidet den zu Ende gehenden Tag von der einbrechenden Nacht. Es nimmt nur wenige Worte in Anspruch. Zunächst gilt es, zur Ruhe zu kommen, das Buch aus der Hand zu legen, alle elektronischen Medien abzuschalten und sich im Bett bewusst auf dem Rücken zu strecken, um erst einmal völlig zu entspannen.

Dann ist es gut, sich den Tag zu vergegenwärtigen, sich selbst vor dem eigenen Gewissen über die Begegnungen mit anderen Menschen, den Verlauf der Arbeitsvorgänge, persönliche Vorhaben und über das Miteinander in der Partnerschaft oder Familie Rechenschaft abzulegen. Das bedeutet nicht, sich zu rechtfertigen, sondern sich einzugestehen zu können, was zufrieden stellend, enttäuschend oder falsch gelaufen und wofür man dankbar ist. Danach sollte ein Vaterunser gesprochen und dabei die eigenen Gebetsanliegen hinzugefügt werden. Wer möchte, kann sich zusätzlich in *„Unser Abendgebet steige auf zu dir Herr"* versenken.

Ein Memento mori zur Nacht

Wie der Abend für das Ende eines ganzen Tages steht, so auch für das Ende eines ganzen Lebens, für das Sterben und den Tod. Das Ritual beginnt mit dem Eingedenken, das den Tod, wie es der griechische Dichter auffasst, als *„den leiblichen Bruder des Schlafes"*[65] begreift. Das Ende eines Tages und die Nacht mahnen mit dem Schlaf symbolisch den Tod an. Stets werden vor der Abendtoilette auf dem Nachttisch der Ehering und die anderen Ringe sowie die Armbanduhr in eine dafür vorgesehene kleine weiße Schale gelegt. Am nächsten Morgen, wenn die Ringe und die Uhr wieder die Hände und den Arm schmücken, ließe sich der Vorgang von den psalmodierenden Worten begleiten, beispielsweise von Psalm 8, 9: *„Wir sind von gestern her und wissen nichts, unsere Tage sind ein Schatten auf Erden."* Möglich ist auch Psalm 90,12: *„Herr, lehre uns bedenken, dass wir sterben müssen, auf dass wir klug werden."*

Eines Menschen in der Kirche gedenken

Der Brauch, in einer katholischen Kirche vor einem Seitenaltar eine Kerze anzuzünden oder es auch in einem evangelischen Gotteshaus zu tun, um eines Lebenden oder eines toten Menschen zu gedenken, ist inzwischen zu einem ökumenischen Anliegen geworden. Die Aufmerksamkeit sollte sich dabei nicht nur darauf beschränken, eine Kerze zu nehmen, Geld durch den Schlitz des dafür vorgesehenen Kastens zu stecken und zu entflammen. Viel mehr ist zu beachten, dass sich hinter all dem ein altes Opferritual verbirgt und dass ein Opfer, das ich erbringe, auch immer etwas ist, das ich bewusst aufgebe.

Es mag damit beginnen, sich nach einem Gang durch die Kirche einen ruhigen Platz in der Kirchenbank zu suchen, um erst einmal zur Besinnung zu gelangen. Aber auch selbst derjenige, der seiner Kirche bereits den Rücken zugekehrt hat, kann immer noch leise vor sich hin und für sich eingedenk der eigenen Tauferinnerung sprechen: *„Im Namen Gottes, des Vaters und des Sohnes und des Heiligen Geistes."* Das geschieht, um sein Inneres zu öffnen und in der Kirche zu begrüßen. Die Augen sollten dabei auf den Altar gerichtet sein, um an einem Bild oder am Kreuz einen festen Halt zu finden. Man kann sie auch schließen, gibt so den inneren Bildern Raum und lässt sie mit dem „Amen" wieder entweichen.

Die Andacht ermöglicht es, die Gefühle und Gedanken, die sich einstellen, auf den Altar zu legen und Gott anzuvertrauen. Dazu braucht es eine geraume Zeit. Danach kann die Kerze gekauft, entzündet, im Stillen ein Vaterunser gebetet und mit einem dreifachen Amen die Kirche wieder verlassen werden.

Gedenken in der Oberschule

Ein Schüler der 5. Klasse war auf dem Schulweg mit dem Rad vom Seitenspiegel eines Autos erfasst worden und nach einer Woche im Koma seinen Verletzungen erlegen. Die Klasse vereinbarte mit der Schulleitung eine Schweigeminute während des Unterrichtes, führte in der Woche der Beerdigung des Jungen eine Demonstration mit 400 Schülern durch und schritt seinen letzten Schulweg noch einmal ab. Ein Junge aus der 11. Klasse verabredete mit der Englischlehrerin, in deren Unterrichtsstunde die Schweigeminute fiel, eine Gedenkansprache. Sie lautet:

Dear class,
when you go to school.
Thinking about nothing bad
thinking that you can talk after five minutes to your friend.
And you're happy.

You go in freedom and you're happy.

This moment can be your last. Yes, this moment.
It was not his time, it was not our time to die.

At one moment you're happy, but you can die.
Believe me.

When you're 11 years old.
You have never thought that you will die at the next moment.
Never.

Maybe he would be a footballstar.
Maybe he would be a teacher.
Maybe. Maybe.

He had friends in his class.
The teacher and also the students of his class are very sad.
And that is right.

It needs time, but time alone doesn't help.
It also needs an anchor.

He was at our school.
Only 11 years old.
Last month he turned 11.
It was his last birthday.

One boy at our school died 5 days ago. He had an accident.
For 1 week he was in an artificial coma.
And 5 days ago he died.
He left the earth – our blue planet.
It was not his time. Not his year. But his last month.

His name is Paul. Paul Kok.
He was in 5a. Only 11 years old.
And hadn't enough time to live.
No time to live.

Our sympathy and thoughts are with his family.
His Mum. His Dad.
The life ended but the love stays.
Please stand up and be silent 1 Minute.
Thank you so much.

2. March 2012: funeral speech by Philipp D. because of the death of Paul Kok at the 27.2.2012

Urnenbeisetzung

Sie kann von einem nahen Freund oder von einem Mitglied der Familie durchgeführt werden. In beiden Fällen ist die Ritualkompetenz durch das Sakrament der eigenen Taufe, des kirchlichen Unterrichtes und der Kirchenzugehörigkeit gegeben. Die Begrüßung in der Nähe des Urnenraumes verbindet sich mit einem persönlichen Händedruck, wobei jeder Einzelne, der dazu kommt, ruhig angeblickt wird. Die Angehörigen überprüfen die in die Urnenkapseldeckel eingestanzten Lebensdaten des Eingeäscherten. Ein Mitarbeiter des Friedhofamtes schließt die Überurne, übergibt sie – wie zuvor verabredet – einem Angehörigen oder trägt sie, für die sachgemäße Schließung des Grabes verantwortlich und begleitet vom Urnengefolge, selbst zum Grab.

Der Urnengang beginnt mit den Worten: *„Im Namen Gottes, des Vaters und des Sohnes und des Heiligen Geistes. Amen. Unser Anfang und unsere Hilfe steht im Namen des Herrn, der Himmel und Erde gemacht hat, der Bund und Treue hält ewiglich, und der nicht loslässt das Werk seiner Hände."* Die anderen antworten mit *„Amen."*

Die Trauernden gehen schweigend zum Grab. Der Friedhofsmitarbeiter lässt den Aschenbehälter an Bändern in die Erde gleiten und tritt ein paar Schritte beiseite. Das kann auch ein Mitglied der Familie tun. Alle stellen sich mit dem für die Beisetzung Verantwortlichen kreisförmig um das Grab. Das Gebet lautet: „*Allmächtiger Gott und barmherziger Vater, sei Du uns in dieser Stunde des Abschieds nahe. Wir möchten nicht wahrhaben, dass uns der Tod näher geworden ist als das Leben. Die Asche dieses Menschen, der noch gestern mitten unter uns vertraut, lebendig und zugewandt da gewesen ist, soll jetzt bereits vom Leben zum Tod verwandelt der Erde übergeben werden. Angesichts des Todes vertrauen wir das Leben und Sterben von N.N. Deiner Liebe an.*" Die anderen stimmen mit einem „*Amen*" zu.

Es schließen sich Worte in folgendem Sinne an: „*Hören und Schweigen, selbst stille werden und auf den alttestamentlichen Beters hören, bedeutet, sich Gott auszusetzen. Ich lese nun den Psalm 90 nach der Übersetzung Martin Luthers.*" Danach hält der Redner seine Ansprache:

Sehr verehrte, liebe N.N.,
geehrte Trauergäste von N.N.,

Wir haben die Urne von N.N. hierher geleitet und werden uns dabei des eigenen Lebens und Sterbens bewusst. Das Grab ist der Ort, der unsere Gedanken, die das Leben überschreiten, auf uns selbst zurückwirft. Es ist der Ort, der die Vorstellungen, die wir uns zu Lebzeiten gemacht haben, angesichts der Grunderfahrung unserer Vergänglichkeit und Endlichkeit auf einen Prüfstein stellt. Die Urne führt uns allen überdeutlich vor Augen, was von einem Leben am Ende übrig bleibt.

Der Blick nach oben – sei er von der Weltanschauung, Philosophie, Religion oder Konfession getragen – streift zwar hin und wieder den Tod, doch der Blick nach oben vermag den nach unten nicht auszulöschen. Augen, die ohne Niederschlag auskommen, geraten in Gefahr, nicht mehr das Ganze zu sehen.

Dass der christliche Glaube den Tod mit dem Sterben und Auferstehen Jesu Christi in die Mitte seiner Botschaft stellt, und das mit dem Anspruch, dass sein Kreuzestod uns allen zum Heil werde, mag uns in dieser Stunde klug machen. Unser Glaube weist die vom Tode Geängstigten, die allzu sehr im Schatten des Todes stehen - wie einst die österlichen Frauengestalten am Grabe Jesu – vom Grab weg, auf den Weg, mit dem alles einmal begonnen hat – zurück ins Leben.

Das österliche Bild will unsere Not wenden. Es will helfen, inmitten der schmerzlichen Erfahrung jäher Gestaltlosigkeit fortan keine Vorstellung des Toten im Überschreiten der Lebensgrenze mehr zu suchen. Es will helfen, das Bild von

N.N., wie es ihre Erinnerung geprägt hat, zu bewahren. Betrachten Sie bitte nicht nur die letzte Phase des Zerfalls. Der Anspruch, das Leben vom Ende her zu gestalten, ist mehr als sinnvoll. Und so gilt es, die ganze Weite und Tiefe der miteinander verbrachten Zeit im Gedächtnis zu behalten. Das bedeutet, mit den Toten zu leben. Ihrer zu gedenken, stellt uns vor die Aufgabe, das Leben von N.N. sowie das eigene Leben freizulegen, um aus den erinnerten Begegnungen und Begebenheiten Geschichten heraus zu erzählen, in denen N.N. gegenwärtig ist.

In den vergangenen Tagen haben Sie eine seltene Erfahrung gemacht, sie ist durch die Räume und Zeiten bedingt gewesen, wie der Tod zu begehen ist. Selbst noch im Tod waren da die Stationen eines letzten Weges, um hier endlich zur Ruhe zu kommen. Das ist gut so, weil notwendig. Die bildhafte Sprache verrät, wie sehr das alles noch vom Leben her gedacht ist. Der Anspruch, das Leben vom Ende her zu gestalten, ist und bleibt mehr als sinnvoll.

Ihre Trauer weist darauf hin – bitte vergessen Sie das nicht in all dem, was immer damit auch an Ungelegenheiten und Terminen verbunden sein mag – dass Sie selbst gestundete Zeit haben. Trauer bedeutet Arbeit, die den Leib und Geist ebenso erfasst wie die Seele. Es ist der schmerzliche Prozess, die liebevolle Beziehung, die Ihr Leben mit N.N. verbunden hat, aufzugeben. Dabei möge Sie der 90. Psalm eine Weile begleiten. Von hier weg vom Grab über den Friedhof, hin zu den Stätten ihrer Arbeit und ihres Schaffens, in die Räume ihres Wohnens und Lebens. Amen.“

Die Aussegnung am Grab lautet: „*N.N., der Herr des Lebens und des Todes, unser Gott, segne deinen Ausgang und Eingang von nun an bis in Ewigkeit. Von Erde bist Du genommen, zu Erde wirst Du wieder werden. Jesus Christus wird Dich auferwecken am Jüngsten Tage. Amen.*

Der für das Ritual Verantwortliche ergreift den Spaten und nimmt den dreifachen Erdwurf in das Grab mit den Worten vor: „*Erde zu Erde, Asche zur Asche, Staub zum Staube.*“ Er übergibt den Spaten an den zu seiner rechten stehenden nächsten Angehörigen des Verstorbenen. Der Spaten geht von einem zum anderen. Am Ende ist das Grab zugeschaufelt. Der Friedhofsarbeiter ebnet die Fläche mit der Harke ein. Der Verantwortliche zeichnet mit dem Spaten ein sichtbares Kreuz auf den Boden, der nun mit Blumen geschmückt wird. Es ergeht die Aufforderung, das Vaterunser zu beten bzw. zu sprechen. Die Verabschiedung der im Kreis Stehenden erfolgt wie bei der Begrüßung, die mit dem persönlichen Gruß endet: „*Der Friede Gottes sei mit dir.*“ Sowie mit der Antwort: „*Und mit dir.*“

Glossar

Abendmahl → Einsetzungsworte → Sakrament

Aberglaube galt in der Antike als *eine überspannte Ängstlichkeit oder unter-würfig ängstliche Haltung den Göttern gegenüber.* Aberglaube steht immer in einer Wechselbeziehung zur herrschenden Religion und Volksfrömmigkeit. Der Begriff Aberglaube stellt seit der Aufklärung eine Kritik dar, die von einem bestimmten theologischen oder philosophischen Standpunkt aus urteilt.

Abkündigungen sind *Nachrichten aus dem Gemeindeleben,* die innerhalb des Gottesdienstes nach der Predigt von der Kanzel öffentlich mitgeteilt werden. Dazu gehören: Die Amtshandlungen der vergangenen Woche, → Kollekten (lateinisch: *collecta = Geldbeitrag*), die im oder nach dem Gottesdienst eingesammelt werden, Einladungen zu Gottesdiensten, Gemeindeveranstaltungen, Bekanntmachungen der Gesamtkirche oder Gemeinde.

A.D. ist die Abkürzung des lateinischen *Anno Domini* und bedeutet *im Jahre des Herrn* oder *nach Christi Geburt.* Die Jahreszählung nach Christi Geburt wurde im 6. Jahrhundert von Dionysius Exiguus vorgeschlagen, setzte sich aber erst auf den Urkunden des 9. Jahrhundert durch. Auf den Mönch geht die christliche Zeitrechnung zurück.

Den ersten gedruckten *Adventskalender* hat der Inhaber der Druckerei und Lithographischen Kunstanstalt Reichhold und Lang, Gerhard Lang, 1903 in München herausgegeben. Der Adventskalender trug die Überschrift: *Im Lande des Christkinds.* Er bestand aus einem Kartonblatt mit 24 selbst verfassten Gedichten in kleinen Kästchen. Ein zweiter bunter Ausschneidebogen, den Richard Ernst Kepler graphisch gestaltet hatte, enthielt entsprechend große Bilder-Kästchen mit Engelchen in ihrer Werkstatt, Spielzeug und Knecht Ruprecht, die Tag für Tag auszuschneiden und an passender Stelle auf das Gedichtsblatt aufzukleben waren.

Das *Abschiedswort Adieu* leitet sich von dem lateinischen *ad deum – Gott befohlen* – ab. Es ist neben *Lebt wohl* und *Auf Wiedersehen* in Süddeutschland sehr verbreitet. *Tschüs – bis dann –* stellt eine im Französischen verballhornte Form von *ad deum* dar.

Adveniat ist eine Sammelaktion, die 1961 durch die Deutsche Bischofskonferenz ins Leben gerufen wurde und der pastoralen Hilfe für die Ortskirchen in Lateinamerika und in der Karibik dient. Hinter dem lateinischen Namen *Adveniat regnum tuum* steht die zweite Bitte des → Vaterunsers: *„Dein Reich komme."*

Der *Adventskranz* geht auf den Begründer der Inneren Mission, den Theologen Johann Hinrich Wichern, zurück. Der Pfarrer hielt als Direktor der Erziehungsanstalt Rauhes Haus in Hamburg während der Adventszeit 1839 täglich Kerzenandachten für die verwaisten und verwahrlosten Jugendlichen aus dem Hamburger Elendsviertel, insbesondere aus der Vorstadt St. Georg ab. Dazu wurde eine der im wagenradgroßen Holzkranz aufgestellten 23 Kerzen angezündet: vier große weiße für die Sonntage, 19 kleine rote für die Werktage bis zum Heiligen Abend. Erst 1860 wurde der Kranz mit Tannenzweigen geschmückt und aufgehängt.

Die heutigen *vier Adventssonntage* setzten sich erst im 11. Jahrhundert durch. Die gottesdienstlichen Lesungen aus dem Lukas- und Matthäusevangelium weisen sowohl auf den *Weihnachtsfestkreis der Westkirche* wie auf den *Epiphaniasfestkreis der Ostkirche* hin und praktizieren Ökumene.

📖 EG: Lesungen und Texte zum Kirchenjahr

Agape heißt die frühchristliche *Liebensmahlzeit zugunsten der Armen* in Erinnerung des Abendmahls, ursprünglich zusammen gefeiert.

Die *Agende* ist die Ordnung der gottesdienstlichen Handlungen. Das lateinische Zeitwort *agere* hat die Bedeutung von *tun, (aus)führen, (ver)handeln, besprechen, in Gang bringen.* Die Agenda ist ursprünglich die Schreibtafel, das Merk- und Notizbuch, der Terminkalender gewesen, heute ist sie die Aufstellung von Gesprächspunkten.

Agnus Dei (lateinisch: *Lamm Gottes*) ist nach Johannes 1, 29 eine sehr alte Anrufung Christi als des Gotteslammes der Anfang der Abendmahlsliturgie. In der kirchlichen Kunst wird Christus oft als Lamm dargestellt.

Allerheiligen am 1. November kann als ein *ökumenisches Sammelfest aller Heiligen und Engel* angesehen werden. Ursprünglich wollte die Kirche die Märtyrer in die jährliche Osterfeier einbeziehen. Seit 1991 fällt auf den Vorabend von Allerheiligen → Halloween.

Allerseelen heißt die jährliche *Gedächtnisfeier aller verstorbenen Gläubigen* der katholischen Kirche. Allerseelen gilt unabhängig von ihrem konkreten Sterbe- oder Begräbnisdatum. Allerseelen am 2. November, fällt es auf einen Sonntag, wird am 3. November gefeiert. Es ist mit → Allerheiligen eng verbunden. Das Fest ist seit 1915 für die Kirche verbindlich und schließt die Allerseelen-Predigt, die Lichtspende und den Besuch der Familiengräber ein. Die Gräber werden mit Kränzen, Blumen und Lichtern geschmückt (→ Totensonntag).

Almosen (griechisch: *eleaemosynae*) sind *Mitleid, Barmherzigkeit, Erbarmen*, um die gebeten werden. Sie sind die um Gottes Willen erbetenen milden (mittelhochdeutsch: *freundliche, barmherzige, gütige*) Gaben eines Gläubigen. Betteln dagegen ist die um des Menschen Willen erflehte Gabe. Almosen stellen in den Religionen Judentum, Christentum und Islam einen wesentlichen Bestandteil des Glaubens dar.
📖 Bibel: Matthäus 6, 1-4; Lukas 21, 1-4

Ein *Altar* (lateinisch: *altar*) ist ursprünglich der *Aufsatz auf dem Opfertisch*. Die erhöhte Opferstätte ist nach den kultisch-örtlichen Gegebenheiten oft unterschiedlich gestaltet. Der Altar ist ein steinernes Zeichen der Präsenz einer Gottheit und des Ortes ihrer Erscheinung. Es kann ein Felsstück-, Steinhaufen-, Tisch-, Herd-, Grabhügel- oder Thronaltar sein.

Die *Altkatholische Kirche* ist bekenntnismäßig aus dem Widerstand zu den Beschlüssen des → I. Vatikanischen Konzils erwachsen und hat sich in der Utrechter Union am 24. 09. 1889 zu einer Gemeinschaft von heute acht selbständigen bischöflichen Nationalkirchen zusammengeschlossen.

Der *Ambo(n)* ist ein erhöhtes Lesepult in den frühchristlichen Kirchen. Der Vorgänger der → Kanzel, der nach dem griechischem Verb *anabainein hinaufgehen* bedeutete, dient zur Verlesung der Heiligen Schrift oder zum Vortrag einer Predigt.

Amen (hebräisch) bedeutet soviel wie *wahrlich, so sei es, ja, so ist es*. Die aus dem Jüdischen ins Christliche übernommene feierliche Formel bekräftigt einen Ausspruch durch die Hörer. *Amen* schließt im Gottesdienst die biblischen Lesungen, die Predigt, Gebete und den Segen ab und ist das buchstäblich letzte Wort der Bibel.

Das *Amulett* (lateinisch: *amuletum = Abwehrmittel*) ist ein zumeist am Körper getragener Gegenstand, der ursprünglich aus Speise, einem Brei aus Kraftmehl bestand und das *Unheil abwenden* sollte. Bekannter sind Amulette, die aus Haar, Knochen, Zähnen, Ton, Gold, Blei oder Münzen angefertigt worden sind (→ Talisman).

Als weit verbreitete Beispiele des *Angangsglaubens* galten der Kaminkehrer, Bettler, Rothaarige, die schwarze Katze von links, der Leichenwagen oder die Zahl 13. Das selbst gefundene Hufeisen oder die Münze und das vierblättrige Kleeblatt werden als Glücksbringer gedeutet. Ebenfalls das am Leib getragene Amulett, das Maskottchen im Auto, der Talisman in der Flugzeugkanzel.

Angelusläuten (lateinisch: *angelus = Engel)* heißt seit dem Mittelalter das Erklingen der Betglocke zur Morgen- und Abendzeit. Dazu wird empfohlen, drei → *Ave Maria* zu beten. Der Name geht auf den Anfang eines katholischen Gebets zurück: *„Der Engel des Herrn brachte die Botschaft.“*

Das *Apostolikum* hat seinen Namen daher, dass man früher annahm, die Apostel hätten es verfasst. Es ist Mitte des 2. Jahrhundert als *Taufbekenntnis*, in der heutigen Form jedoch erst im 5. Jahrhundert entstanden. Das *Glaubensbekenntnis* setzt sich aus den drei Grundsätzen, den sogenannten drei Artikeln des Glaubens an *Gott den Vater, den Sohn und den Heiligen Geist* zusammen und gilt als das älteste ökumenische Bekenntnis.
📖 EG: Apostolikum

Mi den Monat *April* (lateinisch: *aperire > mittelhochdeutsch: aprille = öffnen, auftun, aufbrechen*) begann früher im Römischen Kalender das Jahr. Er bezieht sich auf die im Frühling aufbrechenden Knospen. Karl der Große nannte den Monat *Ostermond*, da das Osterfest fast immer in den April fiel. Wegen des Mondwechsels wurde er auch *Wandelmonat* oder *Launing* genannt.

Ein *Aprilscherz* ist der Volksbrauch, am 1. April einen Narrentag zu begehen, einen Scherz zu machen, seine Mitmenschen mit einer Schelmengeschichte in *den April zu schicken*, sie als *Aprilnarren* zu necken. Der Brauch ist im 16. Jahrhundert aufgekommen.

Früher markierte der *Aschermittwoch* den *Beginn der öffentlichen Buße der Sünder*. Die Büßer wurden, mit einem Bußgewand bekleidet und mit Asche bestreut, durch die Adamspforte, wie beim Bamberger Dom, aus der Kirche gewiesen. *Der Ritus erinnert an die Vertreibung Adams und Evas aus dem Paradies*. Die vorübergehend vom Sakrament ausgeschlossen Büßer fasteten und beteten. Die vorösterliche Bußzeit endete am → Gründonnerstag. Die Wiederaufnahme der Exkommunizierten geschah durch die Handauflegung des Bischofs.
📖 Bibel: 1. Mose, 3

Der Monat *August* (lateinisch = *heilig, ehrwürdig, erhaben*) ist der Ehrenname des Adoptivsohns Caesars, Oktavian, den Kaiser Augustus 27 v. Chr. durch ein Weiheritual des Senats als der *Erhabene* verliehen bekommen hat. Der sechste Monat des römischen Kalenders trägt seitdem seinen Namen. Der August heißt auch *Erntmond, Erntling* oder *Ernting*.

Das *Ave Maria* hat seinen Namen nach dem Gebet „*Sei gegrüßt, Maria.*" Es besteht aus Lukas 1, 28 und 1, 42 und wird auch der Englische Gruß genannt.

Der Heiligen *Barbara* (griechisch *barbaros = nicht-griechisch: ungebildet*) wird seit dem 7. Jahrhundert am 4. Dezember als einer jungfräulichen Märtyrerin aus Nikomedien gedacht. Der Legende nach soll die Christin etwa um 306 von ihrem eigenen Vater, einem syrischen Heiden, den Gerichten ausgeliefert worden und er dafür von einem Blitz erschlagen worden sein. Barbara gilt als Patronin des Feuers, Gewitters und Blitzes, der Schützen, Architekten, Feuerwehrleute, Artillerie und Bergleute und zählt zum Kreis der → 14 Nothelfer.

Barbarazweige heißen Kirsch- oder andere Obstzweige, die am Barbaratag, am 4. Dezember, abgeschnitten und ins Wasser gestellt werden, um Weihnachten zu blühen.

Das Ritual der *Beichte* (mittelhochdeutsch: *biht = beichten, bekennen*) gehört in der katholischen Kirche zum → Sakrament der Buße, das früher öffentlich im Gottesdienst, heute im Beichtstuhl von einem Priester (Beichtvater) gespendet wird. Die Beichte besteht aus den vier Schritten: (1) Reue des Herzens, (2) Bekenntnis der Sünden, (3) wiedergutmachendes Werk, (4) priesterliche Lossprechung von den Sünden. Diese wird durch das Ritualwort *„Ego te absolvo"* (lateinisch: = *ich vergebe dir*) vollzogen. Die Absolution wird *Im Namen des dreieinigen Gottes* gewährt. Der katholische Christ geht mindestens einmal im Jahr zur Beichte, die er gewöhnlich mit der Osterkommunion verbindet.

Die *Benediktinerregel*, von Benedikt von Nursia im 6. Jahrhundert für sein Kloster Monte Cassino verfasst, umfasst 73 Kapitel, die das äußere und innere Leben der in der Gemeinschaft lebenden Mönche angehen. Sie ordnen den Tagesablauf in der Spannung von gehaltenen → Stundengebeten und geleisteter Arbeit. Die Stundengebete halten in den sieben kanonischen → Horen ein immerwährendes Gebet aufrecht. Die Tageszeitengebete dagegen orientieren sich am natürlichen Tagesablauf. 📖 EG: Stundengebete

Eine *Benediktion* (lateinisch: *benedictio = Lobpreis oder Segen*) ist das positive Gegenstück zum → Exorzismus: eine Segens- oder Weihehandlung der katholischen Kirche, die auf Personen oder Gegenstände bezogen ist.

Benedictus ist – wie das *Ave Maria* (Lukas 1, 28 und 42), *Magnifikat* (Lukas 1, 46-55), *Nunc dimittis* (Lukas 2, 29-32) – ein liturgisches Gebet in der Kirche. Mit ihm beginnt der Lobgesang des Zacharias (Lukas 1, 68-79), des Vaters Johannes des Täufers, über *„Herr, nun lässest du deinen Diener in Frieden fahren."*

In den Religionen ist das *Beten* der lebendige Ausdruck der menschlichen Zuwendung zur Gottheit. Die jüdische Definition für das Gebet als *Dienst des Herzens* geht auf 5. Mose, 6, 4 f. zurück. Abgesehen von den Gebeten am Sabbat, an den Feiertagen und in den Gottesdiensten wird dreimal täglich am Morgen, Nachmittag und Abend gebetet. In der Mitte der Gebetspraxis des Christentums stehen die Worte Jesu zum Beten in der Bergpredigt (Matthäus 6, 5-8) und das so genannte Herrengebet, das Vaterunser (6, 9-13) und der Psalter.
Im Islam besteht das Beten aus der rituelle Pflichtübung, die fünfmal am Tage – am Morgen, am Mittag, am Nachmittag, am Abend, in der Nacht – in einer bestimmten Anzahl von Körperhaltungen in Richtung Mekka vollzogen wird.

Die *Bibel* (griechisch: *biblos = das Buch)*, die heilige Schrift im Christentum, besteht aus dem *Alten und Neuen Testament*. Im liturgischen Gebrauch der Gottesdienste tritt sie im größeren Format als Altarbibel für die Lesungen und im Handformat als Kanzelbibel für die Predigt in Erscheinung. – Die hebräische *Bibel*, die heilige Schrift im Judentum, umfasst drei Teile: 1. die *Tora* (hebräisch: *Weisung*), damit sind die fünf Bücher Mose gemeint, 2. die *N'biim* (hebräisch: *Propheten*), die vier großen und die zwölf kleinen Propheten-Bücher, die Bücher Richter und Könige, und 3. die *K'tubim* (hebräisch: *Schriften*), das sind die Psalmen, Chroniken, Esra, Nehemia und die *M'gillot* (hebräisch: *kleine Schriftrolle*), das Hohelied, Ruth, die Klagelieder, Weisheit und Esther. Aus den Anfangsbuchstaben der Dreiteilung ergibt sich die Bezeichnung für die hebräische Bibel: *Tanach*.

Brauch (bhrug) ist ein mittelhochdeutscher Begriff und beschreibt die Wirklichkeit des *Brauches* und *Gebrauches:* Die Feldfrucht, den Ertrag, Genuss, die Nutznießung, den Zweck, die Anwendung und ihre jahreszeitliche Wiederholung. Bräuche bildeten sich besonders auf die lebensgeschichtlichen zur Geburt, Heirat, zum Tod und auf Kirchen- und Kalenderjahreszeit bezogene Rituale heraus. Heute verbindet sich die Brauchtumspflege wieder mit alten Bewegungs- und Verkleidungsbräuchen, die sich großer Beliebtheit erfreuen.

Der *Bremer Freimarkt* geht auf einen Erlass Kaiser Karls II. vom 16. Oktober 1035 zurück. Dieser verlieh dem Bremer Erzbischof Bezelin das Recht, zu Pfingsten und am Willehadfest, am 8. November, jeweils einen Jahrmarkt abhalten zu dürfen. In der Zeit ruhten die Privilegien der heimischen Zünfte zugunsten des freien Marktes. Dieser mittelalterliche Warenmarkt wurde von Gauklern und Darbietungen begleitet. Im Verlauf des 14. Jahrhundert beanspruchte der Rat der Stadt das Kramerprivileg. Die Termine wurden von den kirchlichen Festen gelöst und blieben ein Frühjahrsfest und Herbstfest: 14 Tage nach Pfingsten und am 8. Oktober verlegt. 1639 ist der Pfingst-Markt aufgehoben worden. 1815 begann der Freimarkt am 21. Oktober auf dem Liebfrauenkirchhof, dann auf dem Marktplatz. Später weitete sich der Freimarkt aus, bis er sich seit 1934 auf die Bürgerweide konzentrierte. Seit 1950 wird der Freimarkt auf dem Marktplatz eröffnet und seit 1967 wird am zweiten Sonntag der Freimarktszeit ein Freimarktumzug durch die Stadt veranstaltet.

Am 1. Advent 1959 riefen die evangelischen Landes- und Freikirchen unter dem Motto *Brot für die Welt* zum ersten Mal zu Spenden für Arme und Bedürftige in den Ländern des Südens auf.

Der Brauch des *bunten Tellers* oder des *Weihnachtstellers* geht in die Biedermeierzeit zurück. Anfangs ist der Christbaum mit Gebäck und Obst geschmückt worden. Die Kinder, die davon etwas naschen durften, freuten sich darauf, den Tannenbaum nach Weihnachten plündern zu können. Mitte des 19. Jahrhunderts mit dem Aufkommen von Glaskugeln, Holzschmuck, Kerzen und *Lametta* (lateinisch/italienisch: *lama* = *Metallblatt*) landeten Obst, Gebäck, Süßigkeiten auf einem bunt bedruckten Pappteller, in bürgerlichen Häusern auf einem kostbaren Porzellanteller mit einem Weihnachtsmotiv.

Der *Ritus der Buße* (mittelhochdeutsch: *buoze*) trägt die Bedeutung der Besserung, strafrechtlich sogar die der Genugtuung. In der Kirche bezieht sich die Buße auf die Vorbereitung → Sakraments der Taufe, ursprünglich auf die Erwachsenentaufe und später auf die Kindertaufe.

Bußtage: Neben den → Quatembertagen, bereits Anfang des 3. Jahrhunderts seitens der Kirche angeordnet, versuchten die Buß- und Bettage auf landeskirchlicher Ebene den göttlichen Heimsuchungen zu begegnen. Im Jahre 1878 gab es in den 28 deutschen Ländern 47 verschiedene Bußtage an 24 verschiedenen Tagen. 1852 schlug die Eisenacher Konferenz für die Evangelische Kirche in Deutschland als Buß- und Bettag den Mittwoch vor dem letzten Sonntag des Kirchenjahres vor.

Der *Cannstatter Wasen* (althochdeutsch: *Wiese*) wird auf dem Festgelände am Neckar im ältesten Stadtteil Stuttgarts, in *Bad Cannstatt,* begangen. Das Jahrmarktsfest ist von dem zweiten König von Württemberg, Wilhelm I., 1817 zur Förderung der Wirtschaft und der Viehzucht nach den napoleonischen Kriegen gestiftet worden und wird von der „Centralstelle des Landwirtschaftlichen Vereins" organisiert.

Christophorus soll ursprünglich Reprobus geheißen haben, einer vornehmen Familie Kanaans entstammt und Mitte des 3. Jahrhunderts in Sizilien getauft worden sein. Zu seinem Namen (griechisch: *Christus = der Gesalbte + phoros = tragend*) gehört seit dem 12. Jahrhundert folgende Legende: Als er wegen seines riesenhaften Wuchses Reisende über einen reißenden Strom getragen hatte, begegnete ihm eines Tages ein Kind, das ihm beim Hinübertragen zu schwer geworden war. Es soll das Christuskind, das die Last der ganzen Welt in seinen Händen trug, gewesen sein. Christophorus, dessen Namenstag auf den 24. Juli fällt, zählt zu den → 14 Nothelfern und wird bei Blitz, Unwetter, Wasser und Sturm angerufen. Er gilt als beliebter Heiliger des Transportgewerbes.

Credo (lateinisch: *ich glaube*) lautet das erste Wort des Taufbekenntnisses der alten Kirche. Später stand das Anfangswort für das ganze Glaubensbekenntnis, das → Apostolikum.

Der *Dezember* (lateinisch: *decem = zehnter*), der zehnte Monat im altrömischen Kalender ist durch Caesars Reform der zwölfte Monat geworden. Karl der Große nannte ihn Heilmond, später hieß er *Christmonat* und vom Fest der Wintersonnenwende her *Julmond*.

Der *Dienstag* ist der zweite Tag der Woche. Bei den Römern wurde der Tag nach dem Gott Mars (lateinisch: *Martis dies*) genannt. Mars ist der germanische Gott *Tiwaz* nachgebildet, worauf der englische *Tuesday* hinweist. Der Dienstag hat weder etwas mit dem Dienst oder dem Zins zu tun. Der Name kommt von dem niederrheinischen Beinamen dieses Kriegsgottes *Thingsus*, den Schützer des Dings: *dinxendach > dingsdag*. Daraus wurde im 13. Jahrhundert der *Dinstag*, später durch Martin Luther der Dienstag.

Der fünfte Wochentag, *Donnerstag*, leitet sich von dem mittelhochdeutschen *donnerstac* bzw. althochdeutschen *Donares tag* ab. Der germanische Wettergott Donner ist dabei an die Stelle des Planetengottes Jupiter-Zeus getreten. Aus dem Altfriesischen *thunresdei* wurde der englische *Thursday*.

Ehering: Der *Trauring* oder *Treuering*, auch *Mahlring* oder *Mahlschatz* genannt, ist seit dem 16. Jahrhundert bekannt. Das gegenseitige Anstreifen der Eheringe gilt als Teil des Trauungsrituals.

Ritualtext der neutestamentlichen *Einsetzungsworte des Abendmahls:*
„Unser Herr Jesus Christus, in der Nacht, da er verraten ward nahm das Brot, dankte und brach's und gab's seinen Jüngern und sprach: Nehmet hin und esset. Das ist mein Leib, der für euch gegeben wird, solches tut zu meinem Gedächtnis. Desgleichen nahm er den Kelch nach dem Abendmahl, dankte und gab ihnen den und sprach: Nehmet hin und trinket alle daraus: Dieser Kelch ist das neue Testament in meinem Blut, das für euch vergossen wird zur Vergebung der Sünden; solches tut, sooft ihr's trinket, zu meinem Gedächtnis."
📖 Bibel: Markus 14,22-25; 📖 EG: Katechismus

Ritualtext der neutestamentlichen *Einsetzungsworte der Taufe:*
„Mir ist gegeben alle Gewalt im Himmel und auf Erden. Darum gehet hin und machet zu Jüngern alle Völker: Taufet sie auf den Namen des Vaters und des Sohnes und des Heiligen Geistes und lehret sie halten alles, was ich euch befohlen habe. Und siehe, ich bin bei euch alle Tage bis an der Welt Ende. Wer da glaubt und getauft wird, der wird selig werden; wer aber nicht glaubt, der wird verdammt werden."
📖 Bibel: Matthäus 28, 18-20: Markus 16, 16 📖 EG: Katechismus

Auch die vier *Elemente – Erde, Wasser, Luft und Feuer –*, von denen zuerst die griechische Naturphilosophie Ende des 5. Jahrhunderts sprach, sind durch entsprechende Rituale (er)fassbar geworden. Man denke nur an die Erdmutter-Religion und die unterschiedlichen Fruchtbarkeitskulte. Das Wasser weist eine große Reichweite von den Urfluten der Schöpfungsmythen bis zu den Nilschwellen und Regenzeiten mit ihrer zerstörerischen Fruchtbarkeit auf. Die Rituale finden ihren Anhalt an Flussfurten, Brunnen und Kultstätten mit Reinigungsbädern.

Die Luft, die als bewegende Macht dem Atem des Menschen wie dem Wind zugeordnet wird, gilt als Wasser, Erde und Feuer bewegende Element Geister wie des Geistigen überhaupt. Der Herd, der in den alten Kulturen den Stellenwert eines Altars inne hatte, bewahrte die Macht des Feuers und wurde als Zentrum häuslicher Gemeinschaft verehrt; unter ihm wurden vielerorts die Toten bestattet. Die Jahreszeiten sind in ihrem Wechsel mit ihren kalendarischen und meteorologischen Anfängen von den Passageritualen der Saat und Ernte reichlich geprägt.

Die *Etikette* ist eine althergebrachte Gesellschaftsform, die aus dem höfischen Leben stammt. Der Begriff selbst geht auf die Zettel (frz. *Etiquette)* zurück, auf denen der Name und Rang der am Hof zugelassenen Personen verzeichnet war. Von hierher leitet sich später erst der bürgerliche Gebrauch der Visitenkarte ab.

Unter *Exorzismus* (griechisch: *exorkismos = Beschwörung*) wird die Beschwörung böser Geister (Dämonen) und ihre Austreibung in der alten Kirche verstanden.

Die Kirchenjahreszeit ist an den *liturgischen Farben* der Decke am Altar, → Ambo und an der Kanzel und an der → Kleidung der Geistlichen abzulesen.

Im Mittelalter hat sich ein Farbkanon herausgebildet, der zwischen den festlichen Farben (weiß, purpurn, rot, diese gemischt, Gold- und Silberbrokat) und den Farben der Trauer und Buße (violett, → schwarz) unterschied.

Das *Fasten* als ein Ritual ist der Ausdruck völliger Enthaltsamkeit von Speise, Trank und geschlechtlichem Umgang. Es wird in der Regel von Sonnenaufgang bis Sonnenuntergang begangen. Diese Askese dient der Vorbereitung eines kultischen Opfers, im Christentum der → Buße oder → Taufe. Fasten weist sprachgeschichtlich auf einen Zustand der Leere und Nüchternheit hin, wovon in besonderer Weise die fünf Sinne, betroffen sind. Religionsgeschichtlich wird dem Fasten ein apotropäisch-kathartischer Charakter beigemessen: Der aus dem griechischen Denken abgeleitete Begriff betont den Unglück abwendenden und reinigenden Wesenszug. Speisen und Trank werden als Träger schädlicher Mächte, als Sitz hungernder Dämonen angesehen. Die Dunkelheit soll Dämonengefahr verbergen, nicht weniger die Aktivität des Tages. Deswegen wird das Fasten von unablässigen Beten begleitet.

Von den Religionsstiftern wird überliefert, dass sie selbst gefastet hätten: Mose 40 Tage und Nächte auf dem Sinai, Jesus 40 Tage und Nächte in der judäischen Wüste, Mohammed auf dem Berge Hira, Buddha unter dem Bodhi-Baum.

Fastenzeiten sind die *Vorabendfeiern,* beispielsweise vor Weihnachten der Heiligabend, vor Karfreitag der Gründonnerstagabend, vor Ostern die Osternacht und der Ostersamstag. Zu den Fastenzeiten gehören die Zeit vor dem Advent, vor Epiphanias, die Karwoche vor Ostern und das Quatemberfasten im Jahr. Dem letzten Sonntag nach Epiphanias folgen die Sonntage vor der Fastenzeit, die mit ihrem Namen lediglich den 70., 60., 50. Sonntag benennen. Die sich daran anschließenden Sonntage in der 40-tägigen Fastenzeit vor Ostern heißen: Invokavit, Reminiscere, Okuli, Laetare, Judika und Palmarum.

Der Monat *Februar* (lateinisch: *februarius = Reinigungsmonat*) ist bis zur Einführung des Julianischen Kalenders der letzte Monat gewesen. Er diente der Sühne und Reinigung und wird auch *Hornung* genannt.

Feier (lateinisch: *feriae*) leitet sich aus diesem Wort des römischen Kalenders ab. Das sind die Tage, an denen keine Geschäfte oder Gerichtssitzungen vorgenommen wurden. Der Wortstamm weist auf den ursprünglichen Sinnzusammenhang hin: *Fanum* (lateinisch: *fas > fes = religiöse Handlung*) ist ein geweihter Ort, an dem ein Heiligtum steht. *Profanum* bedeutet einfach: *vom geweihten Bezirk fern,* vor ihm liegend, gemein, weltlich. Im Mittellateinischen wird aus fes > feria, im Althochdeutschen aus *firra* > *fire,* später zu *Festtag, Feiertag.*

Feierabend (mittelhochdeutsch: *vir-abend*) meint eigentlich den Vorabend eines Festes. Beispielsweise der Sonnabend vor dem Sonntag oder den Heiligen Abend vor Weihnachten. Das Wort bedeutet d*as abendliche Aufhören der Arbeit* und *das Zu-Ende-Gehen eines Zustandes* oder Geschäftes.

Die staatlichen Feiertage

In der Weimarer Verfassung (1919) steht im Artikel 139: „Der Sonntag und die staatlich anerkannten Feiertage bleiben als Tage der Arbeitsruhe und der seelischen Erhebung gesetzlich geschützt." Der Artikel 140 des Grundgesetzes für die Bundesrepublik Deutschland (1949) erklärt diesen Artikel als gültigen Bestandteil der neuen Verfassung. Nach Art. 70, 1 hat der Bund keine ausdrückliche Kompetenz, bundeseinheitliche Feiertage gesetzlich zu regeln. Diese Gesetzgebung liegt in den Händen der Länder. In allen Bundesländern sind staatliche Feiertage: d*er Neujahrstag (1.1.), der Tag der Arbeit oder Maifeiertag (1.5.) und der Tag der Deutschen Einheit (3.10.)* als einziger bundesrechtlich festgelegte Feiertag, der einen staatssymbolischen Charakter trägt.

Staatlich anerkannte *kirchliche Feiertage* sind in allen Bundesländern: *der Karfreitag, Christi Himmelfahrt, der Ostermontag, der Pfingstmontag, der 1. und 2. Weihnachtstag.*

Einige kirchliche Feiertage werden nur staatlich anerkannt begangen: *Heilige Drei Könige (6.1.)* in Baden-Württemberg, Bayern, *Fronleichnam (2. Donnerstag nach Pfingsten)* in Baden-Württemberg, Bayern, Hessen, Nordrhein-Westfalen, Rheinland-Pfalz, Saarland, der *Reformationstag* (31.10.) in Brandenburg, Niedersachsen, Sachsen, Sachsen-Anhalt, Thüringen, *Allerheiligen (1.11.)* in Baden-Württemberg, Bayern, Nordrhein-Westfalen, Rheinland-Pfalz, Saarland, *Buß- und Bettag (Mittwoch vor Totensonntag)* in Sachsen.

Das *Fest* geht im lateinischen Ursprung auf *feriae* und *dies festus (feierlicher Tag, Festtag)* zurück. *Feriae* bedeuten den Ausschluss aller profanen Arbeit und materiellen Interessen, da diese Zeit den Göttern gehören und ihnen geweiht sein sollten.

Der *Festkalender:* Weihnachten und Epiphanias beziehen sich nicht wie Ostern, Himmelfahrt Christi und Pfingsten auf den jüdischen Festkalender und mit ihm auf das Mondjahr, sondern mit ihren Kalenderdaten am 25./26. Dezember und am 6. Januar auf das Sonnenjahr. Ostern fällt auf den ersten Sonntag nach dem ersten Frühlingsvollmond.

Die in ein Fenster gestellte *Freiheitskerze* geht auf den ehemaligen Regierenden Bürgermeister von West-Berlin, Ernst Reuter, zurück. Er hatte in seiner Rundfunkansprache zum Weihnachtsfest 1952 dazu aufgefordert, mit einer Kerze im Fenster der Menschen zu gedenken, die sich noch in Kriegsgefangenschaft befanden. Als gegen Abend des 29. Septembers 1953 sein plötzlicher Tod bekannt wurde, bekundeten Tausende Berliner mit einer Kerze im Fenster ihre Verbundenheit mit ihrem Bürgermeister.

Der *Freitag,* der sechste Tag der Woche, ist durch die Übersetzung der lateinischen bzw. griechischen Tagesbezeichnung ins Germanische im 4. Jahrhundert entstanden. Aus Tagesgöttin Venus bzw. Aphrodite entwickelte sich *Fria* bzw. *Frigg;* die Verwandte *Priya* bedeutet: *Geliebte*. Von ihr rührt *frei* und *freien* her. In der Volkskunde gilt er als Glücktag oder Unglückstag.

Der Name *Fronleichnam* (mittelhochdeutsch: *vrone/fron = Herr/lichnam = lebendiger Leib*) weist auf das s*akramentale Hochfest des Leibes und Blutes Christi* in der katholischen Kirche hin. Es wird am 60. Tage nach Ostern, am zweiten Donnerstag nach Pfingsten begangen. Bei den feierlichen Flurgängen und Weihespielen des Tages wird die Monstranz (lateinisch: *monstrare = zeigen*), das kostbare Schaugefäß für die geweihte Hostie mitgeführt. Der Ursprung geht auf eine Vision der Augustinernonne Juliane von Lüttich im Jahre 1209 zurück, die auf das fehlende Sakramentsfest hinwies. Seit 1264 ist das Fest für die gesamte Kirche vorgeschrieben.

Fußwaschung: Altardiener geleiten die Männer, an denen das Ritual in der Kirche vorgenommen werden soll, am → Gründonnerstag zu den bereitgestellten Plätzen. Falls erforderlich, legt der Priester vorher das Messgewand ab. Dann gießt er jedem einzelnen Wasser über die Füße und trocknet sie ab. Die Altardiener sind ihm dabei behilflich. An der traditionellen Zwölfzahl, die an die Jünger Jesu erinnert, wird bei dem neuen Ritus nicht mehr festgehalten, da den Armen in der Gemeinde die Füße gewaschen werden. Während dessen singt der Chor oder die Gemeinde, und die → Kollekte wird für die Armenhilfe in der Gemeinde gesammelt.

📖 Bibel: Johannes 13, 1-15

Im Altertum wurde am *Geburtstag* der Ahnen gedacht oder als *Festtag des persönlichen Genius* sowie der *eigenen Schutzgottheit* begangen. Seit dem späten Mittelalter ist der Geburtstag im Adel und wohlhabenden Bürgertum bekannt gewesen und auch gefeiert worden. Aufkommende Geburtstagsgedichte führen den Begriff des Wiegenfestes ein. In der Schweiz und in Deutschland ist der Geburtstag lange Zeit – gegenüber dem → Namenstag der Katholiken – ein deutliches Merkmal des protestantischen Glaubens gewesen.

Am *Geburtstag* oder *Wiegenfest* wird die jährliche Wiederkehr des Tages der Geburt festlich begangen. Zum familiären Brauch der Kindertage gehört der mit Geschenken gedeckte Geburtstagstisch, auf dem Blumen in der Vase leuchten, eine Kerze ihr warmes Lebenslicht verbreitet, der Kuchen selbst gebacken ist und die Geburtstagspost liegt.

Die liturgische *Farbe Grün* steht für das Leben, die wachsende Saat. Grün gehört zu den Sonntagen nach dem Trinitatisfest und zwischen dem Epiphaniasfest und der Fastenzeit.

📖 EG: Liturgischer Kalender

Der *Gründonnersta*g (mittelhochdeutsch: *grijnen = klagen*), ist der Vortag des → Karfreitag, der *Tag der Greinenden, Weinenden*. Die vorösterliche Bußzeit endet am Gründonnerstag und erinnert an die Büßer, die wieder in die Abendmahlsgemeinschaft der Kirche aufgenommen werden. Seit dem 4. Jahrhundert gilt er als der Tag der Einsetzung des → Heiligen Abendmahls, seit dem 7. Jahrhundert ist es der Tag der → Fußwaschung Jesu.

📖 Bibel: Markus 14, 22-25 par; Johannes 13, 1-15

Das *Hallelujah* rührt von den Psalmen her. Es ist der gottesdienstliche Ruf (hebräisch: *preiset den Herrn*), der – mit Ausnahme der Fastenzeit – als Antwort der Gemeinde auf die Lesung des Evangeliums angestimmt wird.

📖 Bibel: Psalmen

Halloween (englisch: *all hallow even = Allerheiligenvorabend*) ist der Vorabend zu → Allerheiligen. Er trägt bei den stark irisch geprägten Katholiken in den USA heidnische Züge. Die Kinder und Erwachsenen verkleiden sich als Fee, Fledermaus, Geist, Hexe, Kürbis, Skelett, Zombie. An Halloween beschwören sie die Totengeister und begehen den Vorabend mit Maskenumzügen. In Deutschland kam dieser Tag 1991 in Brauch, als der → Karneval wegen des Golfkrieges ausfiel.

Seit 1893 findet der *Hamburger Dom* vom ersten Freitag im November bis Anfang Dezember auf dem Heiligengeistfeld statt. Entstanden ist das Fest dadurch, dass die Hamburger Handwerker, Gewürzkrämer und Leineweber in den Kreuzgängen der Domkirche ihre Verkaufsstände acht Tage vor Weihnachten aufbauten. Nach dem Abriss des Domes wurden die Händler 1804 auf dem Gänsemarkt angesiedelt. Der Hamburger Dom umfasst heute das traditionelle Winterfest, den *Winterdom*, den *Frühlingsdom* – vom letzten Wochenende im März bis Mitte April – und das *Hummel-Fest*, den *Sommerdom* mit den 24 Tagen im August.

Die *fünf Hauptstücke* oder Artikel finden sich im Kleinen Katechismus von Martin Luther (1528). Dazu gehören: die Zehn Gebote, das Apostolische Glaubensbekenntnis, das Vaterunser, die Taufe und das Abendmahl.

Der *Heiligenkalender* oder Namenskalender stellt ein kalendarisch geordnetes Verzeichnis der katholischen Heiligen für jeden Tag des Jahres dar, die der Hilfestellung für einen geeigneten Namen des Neugeborenen bieten.

Heischesprüche (mittelhochdeutsch: *heischen = fragen, begehren*) heißen fromme Sätze, mit denen seit dem Mittelalter die Kinder zu verschiedenen Gelegenheiten des Jahres Brotspenden, die so genannten *Seelenwecken zu Gunsten der Armen* von Haus zu Haus sammeln. Das geschieht heute, wenn auch völlig abgewandelt, noch am Nikolaustag, in den Klöppelnächten, am Dreikönigstag, an Halloween, Allerseelen, beim Rummeltopflaufen.

Der *Herrnhuter Stern* wird nach der Stadt *Herrenhut in Sachsen*, in der er erfunden und noch heute hergestellt wird, genannt. Er besteht aus 25 dreiseitigen Pyramiden (Zacken) und gilt als ein Symbol für den Morgenstern. Heute zieren unterschiedlich große und farbige Herrnhuter Sterne in der Advents- und Weihnachtszeit die Wohnungen, Kirchen, Gemeindehäuser, soziale Einrichtungen, Geschäfte, Straßen, Plätze und Schaufenster. – Zu seiner Entstehungsgeschichte wird überliefert, dass ein mathematisch begabter Erzieher den Jungen die Mathematik veranschaulichen wollte. Dazu trug man ihnen auf, aus Papier durch Schneiden und Kleben 17 Vierkantkörper und 8 Dreikantkörper herzustellen. Dabei sind dann mit den auf Flächen angesetzten Pyramiden wie von selbst die Sterne entstanden. Die Sterne benötigten ein Blechgerüst, auf das dann die Papierzacken mit ihrer Blechbasis aufgeschoben wurden. Anfangs wurden sie mit Öllämpchen beleuchtet, später mit Petroleum und schließlich durch eine Glühbirne.

Die Herrnhuter Papiersterne, seit 1897 in Zusammenarbeit von dem Erfinder Pieter Hendrik Verbeek und einem Klempnermeister hergestellt und vertrieben, werden heute an den einzelnen Zacken einfach mit einer durch Pappe verstärkten Basis nebst Briefverschlussklammern zusammengehalten. Der aus der Stadt in der Oberlausitz stammende Brauch in der Familie, den Stern selbst zusammenzubauen und am ersten Advent aufzuhängen, hat seine eigene Tradition.

Die *Hochzeit* hatte die ursprüngliche Bedeutung einer hohen kirchlichen oder weltlichen Zeit, einer festlichen Zeit. In der Weise wurde früher beispielsweise von vier Hochzeiten im Jahr von Weihnachten, Ostern, Pfingsten, Allerheiligen und auch von der Hochzeit der Vermählung gesprochen. Im 13. Jahrhundert ist das Wort Hochzeit von dem lateinischen → Fest verdrängt worden. Martin Luther gebraucht Hochzeit bereits ausschließlich für die *Vermählungsfeier*. Noch im 17. Jahrhundert wurde an der Länge der ersten Silbe (mittelhochdeutsch: *hoch(ge)zit*) festgehalten.

Die heutigen *Hochzeitstagsnamen* spiegeln die Ehewirklichkeit und deren geschichtlichen Wandel in der Zeit wider. Die Hochzeit stellte neue verwandtschaftliche Beziehungen und eine Ansammlung von Besitz dar. Die Hochzeitsbräuche bringen den Statusübergang zum Ausdruck: Vorfeier am Polterabend, Hochzeitstracht (Brautkleid), Eheschließung, Trauung, Trauringe, Hochzeitstanz, Scherzspiele (Brautraub und Brautschuhversteigerung, Prüfungen, Haubung der Braut, Hochzeitslieder, Hochzeitszeitung). – Die Übersicht der Hochzeitsnamen und ihrer Jahresdaten weichen in den Nachschlagewerken erheblich voneinander ab. Die regionalen Bräuche der Hochzeitsjubiläen haben bis heute in den Ländern und Kontinenten ungleiche Traditionen entwickelt. Auch die Zeitabstände zwischen den Jubiläen werden unterschiedlich ausdifferenziert. Bis zur *Silbernen Hochzeit* lassen sich siebzehn Hochzeitstage, bis zur *Goldenen Hochzeit* nur sechs und bis zur Himmelshochzeit (100 Jahre) sieben Jubiläen zählen.

Nach der weißen oder grünen Hochzeit bis zum fünften Hochzeitstag dominieren in den Namen der Hochzeitstage die Fasermotive (Papier, Baumwolle, Leder, Leinen, Seide und Holz). Bis zur Silberhochzeit geben Metallmotive (Zinn, Kupfer, Messing, Nickel, Bronze, Stahl, Silber), Nicht-Metalle (Steingut, Keramik, Glas. Kristall, Korallen, Porzellan, Elfenbein, Achat), Blumen (Klatschmohn, Rosen, Veilchen, Maiglocken), Kräuter (Petersilie, Thymian, Rosmarien, Basilikum) und Gewürze den Hochzeitstagen einen Namen, der sich ebenso auf die Ehe beziehen wie auf die empfohlenen Hochzeitsgeschenke kann. Bis zur goldenen Hochzeit tragen die folgenden Jahrestage teils Edelstein- (Perlen, Rubinen), teils Metall- (Aluminium, Messing), auch einen Fasernamen (Leinen). Nach der Goldenen Hochzeit bringen die Namen das hohe Alter der Eheleute (Eisen, Stein, Eiche) und Wertschätzung (Juwelen, Diamanten, Kronjuwelen) ihrer langen Ehe zum Ausdruck.

Früher wurde bei einer silbernen Hochzeit auch schon von einer goldenen Hochzeit gesprochen, da man die Ehejahre des Paares sinnigerweise zusammenzählte. Im 18./19. Jahrhundert ist das silberne und goldene Hochzeitsjubiläum, im 19./20. Jahrhundert die diamantene (60.) und die Gnadenhochzeit (70.) eine Frage der Lebenserwartung und der Vorstellung der Unauflöslichkeit der Ehe gewesen. Die alte Trauformel lautete: *„Bis dass der Tod euch scheidet"* (Ruth 1, 17). Die Ehe war früher erst durch den Tod eines Ehepartners geschieden, nach dem Zivilehegesetz seit 1875 durch eine Scheidung.

St. Hubertus gilt seit dem 10. Jahrhundert als der Schutzherr der Jagd und der Jäger, Jagdhunde und Forstleute. Vielleicht ist der Patron dazu wegen des Gleichklangs seines Namens mit der Hupe, des Jagdhorns des Jägers geworden. Hubertus (* ca. 656 n. Chr.) missionierte als Bischof von Maastricht und Lüttich im Ardennengebiet und starb 727.

Seit den 1950er Jahren wird der 3. November als Hubertustag möglichst im herbstlichen Wald mit einer Hubertusmesse begangen. Die Darstellung eines Kreuztragenden Hirsches geht auf eine Bekehrungslegende des 11. Jahrhunderts zurück, die möglicherweise auf eine *Übertragung des Jägerpatrons Eustachius* auf Hubertus zurückgeht.

Der *Jakobsweg* hat als Pilgerweg erst seit den 1970er Jahren eine derartige Popularität erreicht. Bereits im Mittelalter wurde Santiago de Compostela zusammen mit Rom und Jerusalem zu den großen Pilgerstätten gezählt.

Jakobus wird in den ersten drei Evangelien als der Sohn des Zebedäus stets zusammen mit seinem älteren Bruder Johannes genannt. Er gehörte zu Lebzeiten Jesu zu dessen Jüngerkreis. Sein Tod, der in der Apostelgeschichte 12, 2 berichtet wird, fiel in das Jahr 44 n. Chr. Der 25. Juli gilt als sein Tag im Heiligenkalender. Der Legende nach soll er in Spanien gewirkt haben, wo er, seit dem frühen Mittelalter als Heiliger von Santiago de Compostela verehrt, begraben sein soll.

Der erste Monat des Jahres *Januar* (lateinisch: *januarius = dem Janus gehörig, geweiht*) leitet sich von dem römischen Gott *Janus* ab. Das ist der Gott des Sonnenlaufes und der Eingänge und Durchgänge, der Türen gewesen. Dieser Gott wird mit zwei Gesichtern dargestellt, mit einem jungen in die Zukunft und mit einem bejahrten Gesicht in die Vergangenheit schauend. Der Monat heißt auch *Jänner, Jenner, Hartung* oder *Eismonat.*

Der *Jüngste Tag* betrifft in den drei verwandten Religionen Judentum, Christentum, Islam die Glaubensvorstellung von der *Auferweckung der Toten* und die *vom jüngsten Gericht am Ende der Welt und Zeit.* Davon leiten die Juden und Muslime ab, dass die Ruhefrist auf dem Friedhof unbegrenzt bleibt. Früher galt sie auch für die Christen.
📖 EG: Glaubensbekenntnis

Der Monat *Juni* leitet sich von dem römischen Gott *Juno* (Genetiv von Junius) ab. Die deutschen Namen, die dafür im Umlauf sind, lauten: *Brachet, Heumond, Lilienmond, Rosenmond Sommermond, Wonnemond* und *Maien.*

Der Monat *Juli* ist 46 v. Chr. zu Ehren Gaius Julius Caesars an die Stelle des fünften Monat Quintilis im Rahmen der Julianischen Kalenderreform eingeführt worden. Er wird auch *Heuert* genannt.

Julklapp (schwedisch: *Jul = Weihnachten*) ist in den Ostseeländern ursprünglich ein Weihnachtsgeschenk, das reichlich umhüllt dem Empfänger in die Stube geworfen wird, wobei der Schenkende unbekannt bleiben will. Er klopft an die Tür (*klapp!*) und ruft: *Julklapp!*

Der *Kalender* ist seit dem 15. Jahrhundert als Zeitweiser gebräuchlich. Das lateinische Verb (*calare = ausrufen, zusammenrufen*) geht auf die religiöse Versammlung zurück, die ursprünglich in Rom unter dem Vorsitz eines *Pontifex*

minor (Priester geringen Standes) stattfand. Er rief den ersten Monatstag fünf-
bis siebenmal aus.

Der Griechische Kalender
Seit der Einführung der Olympischen Spiele der Neuzeit 1896 in Athen wird
der griechische Kalender der Antike wieder ins Gedächtnis gerufen. Seit 776 v.
Chr. wurde von der Olympiadenzählung ausgegangen: Eine Olympiade galt als
der Zeitraum von vier Jahren zwischen zwei Olympischen Spielen. Zunächst
rechnete man in Griechenland wie auch in anderen Kulturen in der Generatio-
nenfolge der Herrschenden. Auch die siebentägige Planetenwoche entstand im
griechischen Raum, obgleich die babylonischen Astrologen sie bereits kannten. Sie zählten die Planeten Saturn, Mars, Merkur, Jupiter, Venus und nahmen
noch Sonne und Mond dazu.

Der Altrömische Kalender
Die Römer rechneten in der Republik die Zeit nach den Amtsjahren der Konsuln,
selbst zur Kaiserzeit taten sie es noch. Sie begannen mit der Gründung Roms
(lateinisch: *ab urbe condita*), die sie auf das Jahr 753 v. Chr. datierten. In der
Frühzeit kannten die Römer ein reines Mondjahr mit nur zehn Monaten.
Seit dem 4. vorchristlichen Jahrhundert war die Jahreszählung von der Einweihung des Jupitertempels im Jahre 507 v. Chr. abhängig. Der Kalenderrhythmus
wurde durch große religiöse Rituale dieses Tempels öffentlich verkündigt, die
sich an die monatlichen Markierungen (Kalenden, Nonen, Iden) angeschlossen
haben. Diese entsprachen den Mondvierteln und verliehen dem Monat seine je
eigene Struktur. Es gab anfangs drei achttägige römische Wochen im Monat, deren Tage keine Namen trugen. In dem römischen Kalenderjahr von 355 Tagen
verschoben sich die Kalenderdaten gegenüber den Jahreszeiten spürbar. 153 v.
Chr. begann das Jahr mit dem Frühlingsbeginn, mit dem 1. März, worauf heute noch die bloßen Zählmonate hinweisen.

Der Julianische Kalender
Im Jahre 46 v. Chr. beauftragte Julius Caesar den aus Alexandrien stammenden
Astronomen Sosigenes mit der Ausarbeitung eines neuen Kalenders. Er sollte die
komplizierte altrömische Zeitrechnung ablösen. Die Zählung der Jahre (lateinisch: *ab urbe condita*) nach der Gründung der Stadt im Jahre 753 v. Chr. wurde beibehalten.

Das vorjulianische Mondjahr wurde zugunsten des Sonnenjahres aufgegeben. Fortan begann das Jahr am 1. Januar, und es bestand aus 365 Tagen. Die Jahreslänge wurde durch die zyklische Aufeinanderfolge von drei Normaljahren zu 365 ¼ Tagen und einem Schaltjahr zu 366 Tagen erreicht. Der Kalender enthielt ursprünglich keine Wocheneinteilung. Die Monatsnamen sind aus dem altrömischen Kalender übernommen worden.

Der Gregorianische Kalender
Das Julianische Jahr, im Mittel 365 ¼ Tage lang, erwies sich als 11 Minuten und 14 Sekunden länger als das Sonnenjahr. Die Abweichung vom kalendarischen Datum und wirklichen Sonnenstand stieg im Verlauf des Mittelalters stetig an. Dem begegnete Papst Gregor XIII. 1582 durch eine erneute Kalenderreform. Es ist dem Philosophen Gottfried Wilhelm Leibniz und der Mehrheit der protestantischen Reichsstände zu verdanken, dass man den Gregorianischen Kalender als verbesserten Kalender am 1. März 1700 einführte.

Seit dem 5. Jahrhundert wird in der Kirche am 24. Juni der *Johannestag,* der Geburtstag Johannes des Täufers mit einem Fest begangen. Sein Ausspruch im Blick auf Jesus (Johannes 3, 30) wurde zeitlich auf Weihnachten gedeutet: *„Er muss wachsen, ich aber muss abnehmen."*

Die *Kanzel* (lateinisch: *cancelli = Schranken des Altarbereiches*) gibt den *Ort der Predigt* in der Kirche an. Die Predigtkanzel ist erst durch die Bettelorden im 13. Jahrhundert aufgekommen. Als Vorgänger können der Predigtstuhl des Bischofs im Altarraum der Kirche und der → Ambo angesehen werden.

Der *Karfreitagshinweis* steht im Anhang der Liturgiekonstitution des → II. Vatikanischen Konzils: Sollte es zu einem festen Osterdatum im Kalender kommen, ist von dem Sterbedatum Jesu am 7. April 30 n. Chr. auszugehen. Es befindet sich in der Mitte des Toleranzbereichs der möglichen Osterfeste zwischen dem 22. März und 25. April.

Die *Karwoche* (althochdeutsch: *kara = Trauer, Klage*; englisch: *to care = sorgen, kümmern*) wird auch *Leidenswoche, Heilige oder Große Woche* genannt: Am Palmsonntag gedachte man des Einzuges Jesu in Jerusalem, am Mittwoch seines Verrats durch Judas, am Gründonnerstag der Einsetzung des Heiligen Abendmahls, später auch der Fußwaschung, am Karfreitag seines Kreuzestodes, am Karsamstag seiner Grabesruhe. Der Ostersonntag der Auferstehung Jesu Christi war von dem Fasten ausgenommen.

Katechumenen (Taufanwärter) heißen in der frühen Kirche die erwachsenen Schüler des Katecheten (griechisch: *katechein = unterrichten*). Der Katechumenat (griechisch: *katechoumenos = einer, der unterrichtet*) ist der Vorbereitungsunterricht für die Taufe, der gewöhnlich zu Beginn der → Fastenzeit begann. Das Wort Katechismus (griechisch: *katechismos = Lehrbuch*) für das Religionsbuch zum ersten Unterricht hat der Kirchenvater Augustin Ende des 4. Jahrhunderts eingeführt.

Die zylindrisch geformte Kerze aus Pech, Talg, Wachs, Bienenwachs gibt es seit dem Mittelalter. Sie besteht seit 1818 aus Stearin, seit 1837 aus Parafin und einem Docht, der aus Baumwollfaden geflochtenen ist. Der Kerze kommt in der Kirche eine große liturgische Bedeutung zu, zumal die Gottesdienste anfangs oft nachts oder am frühen Morgen gefeiert wurden.
Bei der Feier des Gottesdienstes und der Sakramente sowie im Totenkult (Bestattung) erscheinen die Kerzen heute selbstverständlich. Als Altarkerze, Osterkerze, Taufkerze, Erstkommunionskerze, Sterbekerze oder persönlich in der Kirche für jemanden entzündete Kerze spielt sie eine große Rolle.

Das Wort *Kirche* leitet sich sprachgeschichtlich von dem griechischen Adjektiv *kyriakon* ab, was so viel wie das *Haus des Herrn* (griechisch: *Kyrios = Herr*) bedeutet. Weiter entwickelte sich aus der angelsächsische *cyrice* die englische *church* und die skandinavisch *kirke*. Erst seit dem 4. Jahrhundert setzte sich die Bezeichnung für christliche Kirchengebäude und schließlich für die gottesdienstliche Gemeinde durch.

Die *Kirchweih* geht – nach dem Vorbild des Chanukkafestes, mit dem der Weihung des zweiten Tempels (164 v. Chr.) in Jerusalem gedacht wurde – auf den frühchristlichen Brauch zurück, christliche Kirchen zu weihen und dieses Ritus festlich zu gedenken. Der Kirchweihtag ist seit dem Mittelalter von einer Kirmes (mittelhochdeutsch: *kirmesse = Kirchweihfest*) der Jahrmärkte, Schausteller und Tanzvergnügungen begleitet worden.

Die *Kleidung des katholischen Priesters* stammt aus dem antiken Rom. Da ist zunächst die *Tunica* (lateinisch: *Gewand*), das hemdartige Untergewand, aus dem sich im 6. Jahrhundert die *Albe* (lateinisch: *alba = weiß*), das knöchellange liturgische Untergewand, das Taufgewand, entwickelte. Sie wird vom Priester als Untergewand unter dem Messgewand im Gottesdienst getragen. Deswegen legen es auch die Ministranten, Kommunionshelfer und Lektoren an. Die *Kasel* (lateinisch: *casula = Häuschen*) stellt das liturgische Messgewand dar. In der Antike ist es ein mantelartiger Überwurf zum Schutz gegen Regen und Kälte gewesen. Die *Stola* (lateinisch: *langes Kleid, Damenkleid*), das schalartige Gebilde, das vom Priester in liturgischen Farben getragen wird, gilt gewissermaßen das Amtszeichen seiner Handlungen. Alltags ist der Priester mit einem schwarzen Anzug, unter dem er einen *Kollar* (lateinisch: *Römerkragen*) anhat oder über den er eine *Soutane* (fr. *Untergewand*) trägt, bekleidet. Amtstracht des evangelischen Geistlichen → Talar.

Die *Klöppelnächte* sind ein alter *Kinderheischebrauch,* der seit dem 15./16. Jahrhundert mit Joseph und Maria und der Geburt Jesu vollzogen wird. Kinder ziehen in einer Art Herbergssuche mit einem Joseph- oder Marienbild von Haus zu Haus. Sie *klöppeln,* das heißt sie *klopfen* an die Haustür, singen die Geburtsgeschichte, und erhalten dafür eine Gabe.

Die *Kollekte* (lateinisch: *collecta = Beitrag, ursprünglich zu einer Mahlzeit*) ist im Unterschied zum Klingelbeutel die Einsammlung von freiwilligen Spenden während oder nach einem Gottesdienst. Der Klingelbeutel ist ein Geldbeutel, an dem kleine Klingeln befestigt sind. Er wird, an einem langen Stab angebracht, von Kirchendienern im Gottesdienst jedem Besucher hingehalten, um so eine Opfergabe für die Ortsgemeinde, insbesondere für die Diakonie, einzusammeln.

Der *Koran* (arabisch: *Qur'an = Rezitierung*) heißt die heilige Schrift des Islam, die *114 Suren* enthält, die alle einen eigenen Namen tragen, wonach sie auch zitiert werden. Redaktionell ist der Koran in der zweiten Hälfte des 7. Jahrhunderts entstanden.

Das *Kreuz* steht seit dem 13. Jahrhundert auf dem Altar. Die Notwendigkeit eines erhöhten Kreuzes ergab sich aus der wachsenden Zahl der Reliquien und Heiligenbilder. Die Darstellung des gekreuzigten und leidenden Herrn (Kruzifix) kommt in der Kirche erst Anfang des 11. Jahrhunderts auf, während er in der Romanik als der königliche Sieger erscheint. Im Wesentlichen sind das griechische Kreuz mit dem gleichlangen Längs- und Querbalken und das lateinische Kreuz mit dem senkrechten Längsbalken zu unterscheiden.

Der *Lenz* hat seinen Namen (althochdeutsch: *lengizin*) von den länger werdenden Tagen her.

Die *Liturgie* (griechisch: *leiturgia* = *dem Volk geleisteter Dienst, Kirchendienst*) ist die festgelegte Form der gottesdienstlichen Feier. Sie besteht aus dem *Wechselgesang des Geistlichen mit der Gemeinde.*

Der Tag der *Heiligen Luzia* fällt auf den 13. Dezember. Dieser Tag ist bis zur gregorianischen Kalenderreform der alte Mit-Wintertag gewesen. Das Grab der jungfräulichen Märtyrerin aus Syrakus reicht in die byzantinische Zeit Siziliens zurück. Der Legende nach ist Lucia als Christin von ihrem Bräutigam den Behörden in der Christenverfolgung Kaiser Diokletian Anfang des 4. Jahrhunderts ausgeliefert worden. Die mit ihrem Namen verbundenen Lichtbräuche in Italien und Skandinavien weisen auf die bevorstehende Wintersonnenwende hin. Lucia gilt als Gnadenbringerin, in Schweden als Lichtbringerin.

Für den Namen des Monats *März* (lateinisch: *martius* = *dem Mars gehörig, geweiht*) stand der römische Mars, der ursprünglich eine die Fluren und Herden beschützender Naturgottheit gewesen ist. Ihm war der Frühlingsmonat März heilig. Später ist Mars – mit Ares verschmolzen – der stürmische Gott des Krieges geworden. Mars gilt als der Vater des Romulus und Stammvater der Römer. Im Deutschen ist er der *Lenz, Lenzing* oder *Frühlingsmonat.*

Der Monatsname *Mai* (lateinisch: *maior* = *geräumig*) ist *Maia,* der Mutter des Hermes, der Wachstum bringenden Göttin geweiht. Er wird auch als *Wonnemonat* oder *Maien* bezeichnet.

Die *Marienfeste*, im 5. Jahrhundert im Orient bekannt, dringen im 7. Jahrhundert in das Abendland. Sie sind der festlich begangene Ausdruck von Frömmigkeit gegenüber der Gottesmutter. Dazu gehören seit 1970 das *Hochfest der Gottesmutter* am 1. Januar, *Mariä Lichtmess* am 2. Februar (in Bayern bis 1912 gesetzlicher Feiertag), *Mariä Verkündigung* am 25. März (seit 1969), *Mariä Heimsuchung* seit 1568 (einst am 2. Juli, heute am 31. Mai), *Mariä Himmelfahrt* am 15. August, *Mariä Geburt* am 8. September; am Ende steht seit 1854 die Vorstellung von *Mariä unbefleckter Empfängnis* (1854) am 8. Dezember.

Am 11. November wird des *Heiligen Martin* gedacht. Er ist nicht als Märtyrer gestorben, sondern erfährt durch das *unblutige Martyrium der Askese* eine große Verehrung. König Clodwig soll ihn Ende des 5. Jahrhunderts zum Nationalheiligen und Schutzherrn der fränkischen Könige erhoben haben. Die Legende der Nächstenliebe hat ihn konfessionsübergreifend bekannt gemacht.

Der *Martinstag* ist früher neben Ostern ein wichtiger Rechtstag im Jahreslauf gewesen. An ihm fand der *bäuerliche Gesindewechsel* statt. Nach dem Sommer und Herbst konnte man die Früchte der Ernte genießen und auch die Pachtzinsen bezahlen. Die schlachtreife Martinsgans bot sich nicht nur zur Begleichung der Pachtzahlung, sondern auch als Festbraten am *Vorabend der beginnenden Fastenzeit* an.

Ein *Maskottchen* (französisch: *mascoto = Hexe*) ist ein Anhänger oder eine kleine Puppe, die Glück bringen soll; heute ein Begriff im Marketing der Sportveranstaltungen.

Memento mori (lateinisch: *gedenke, dass du sterben wirst*) heißt das Fürbittengebet in der katholischen Messliturgie, in dem für den nächsten Menschen in der Gemeinde, der sterben muss, gebetet wird. Memento mori heißt auch der die Aschezeichnung begleitende Spruch im → Aschermittwochsgottesdienst.

Messe leitet sich von der gottesdienstlichen Entlassungsformel „*ite, missa est*" (lateinisch: *geht, die Versammlung ist entlassen*) ab, mit der diejenigen, die zur Heiligen Kommunion nicht zugelassen waren, entlassen wurden. Das waren die → Katechumenen (Taufanwärter) und die → Büßer. Die Messe (lateinisch: *missa* > mittelhochdeutsch: *messe*) bedeutet seit dem Kirchenlehrer Ambrosius von Mailand (385) die liturgische Opferfeier. Sie ist die katholische Gottesdienstfeier schlechthin. Seit 1329 steht der Begriff auch für den Jahrmarkt und die *Warenmesse*.

Der dem *Erzengel Michael* (hebräisch: *Wer ist wie Gott?*) geweihte Namenstag wird seit dem →II. Vatikanischen Konzil am 29. September begangen und erinnert an den Drachenkämpfer der Hölle und des Teufels. Der *Sonntag Michaelis* wurde seit dem 5. Jahrhundert in der Ostkirche begangen, seit dem 9. Jahrhundert ist es der Tag des Erzengels und aller Engel, besonders Gabriels, Raphaels und Uriels. Der in der Bibel hoch angesehene Anführer der Engel genoss in den irischen Klöstern in der Liturgie der Mönche große Verehrung. Die Erzengel dienten Gott auf höherer Ebene.

Das bischöfliche *Hilfswerk Misereor* für Arme in Afrika, Asien und Lateinamerika wurde am 19. August 1958 von der Vollversammlung der deutschen Bischöfe in Fulda gegründet. Der lateinische Name *„Misereor super turbam, ich erbarme mich des Volkes,"* geht auf die neutestamentliche Geschichte der Speisung der 4000 (Markus 8, 2-10) zurück.

Mitsommer heißt in Skandinavien und im Alpenraum die kürzeste Nacht des Tages. Sie wird mit dem Fest der Mitsommernacht, der *Sommersonnenwende*, in der Nacht vom 20. zum 21. Juni ausgelassen begangen. Es fällt häufig mit dem Johannesfest am 24. Juni zusammen. In Schweden ist „Midsommar" das zweitgrößte Fest des Jahres nach Weihnachten.

Mittwoch, im Althochdeutschen bereits als *mitt(e)woche* überliefert, hat im 12. Jahrhundert unter dem Druck der Geistlichkeit seine germanische *Wodansbedeutung,* auf die der englische Wednesday zurückgeht, eingebüßt und einen altslawischen Sinn als Herz angenommen. Der Mittwoch (→ Aschermittwoch) wurde der Jungfrau Maria geweiht und zum Fastentag bestimmt. Im Volksglauben gilt der Mittwoch wegen des Judasverrates seines Herrn an dem Tag als ein Unglückstag. Der Mittwoch war der Hochzeitstag für so genannte „stille Hochzeiten gefallener Mädchen".

Ursprünglich ist der *Monat* (althochdeutsch: *manod*) die Umlaufszeit des Mondes um die Erde gewesen, der Zeitabschnitt zwischen zwei aufeinander folgenden gleichen Mondphasen, etwa von Vollmond zu Vollmond.

Der *Montag* als erster Tag der Woche bedeutet von seiner althochdeutschen Namensherkunft (*manetac*) eigentlich *Tag des Mondes*. In der griechischen Kultur hieß er Tag der Mondgöttin Selene, in der römischen Kultur Tag der Mondgöttin Luna, im Englischen heißt der Tag *Monday*. Im Mittelalter war der Montag ein bevorzugter Totengedächtnistag. Bruderschaften und Zünfte feierten am Montag ihr Jahresfest.

Der *Morgen- und Abendsegen* Martin Luthers entstand 1529 gleichsam als die Frucht seiner weit reichenden Predigt- und Seelsorgearbeit.
📖 EG: Gebete

Das *Münchner Oktoberfest* ist im Zuge nützlicher Volksfeste von dem „Landwirtschaftlichen Verein" im Herbst 1811 in der Landeshauptstadt auf der Theresenwiese eingerichtet worden. Die Gründung geht auf ein großes Pferderennen zurück, das anlässlich der Hochzeit des bayrischen Kronprinzen Ludwig I. und der Prinzessin Therese von Sachsen-Hildburghausen der Bankier Andreas Michael Dall'Armi zu ihren Ehren am 17. Oktober 1810 auf der Wiese vor den Mauern der Stadt veranstalten ließ. Es wird auch *Wiesn* genannt.

Der *Namenstag* ist der jährliche *Gedenktag des Namenspatrons* oder *der Namenspatronin* die als Vorbild und Fürsprecher des Namensträgers gelten. Heute wird der Namenstag wie ein → Geburtstag begangen. Seit dem hohen Mittelalter setzte es sich durch, den Täuflingen biblische Namen oder die Namen von Heiligen und Märtyrern zu geben. Der Namenstag als Geburtstag richtete sich nach dem → Heiligenkalender: Den Todestag des Heiligen feiert man als Lebenstag des Namensträgers.

Sankt Nikolaus (griechisch: *Nikolaus = Völkerbesieger*) ragt am 6. Dezember aus dem Kreis der Adventsheiligen heraus. Seine Gestalt wird im Abend- und Morgenland ökumenisch sehr verehrt. Für einen historischen Nikolaus jedoch gibt es keine zeitgenössischen Quellen. Dennoch gilt er als Helfer in Schwierigkeiten aller Art. Seit dem 14. Jahrhundert feiert die katholische Kirche ihren Patron am 6. Dezember mit der Wahl eines *Kinderbischofs* oder *Kinderabtes,* der von Schülern gewählt und eingekleidet, über Erwachsene Gericht hielt, um sie dann durch seinen Knecht bestrafen oder belohnen zu lassen. Später hat sich seine Rolle grundlegend gewandelt.

Aus den nächtlichen Nikolausumzügen entwickelte sich im 17. Jahrhundert die Einkehr des erwachsenen Nikolaus, der in die Häuser kommt, die Kinder verhört, mit Äpfeln und Nüssen belohnt oder mit der Rute bestraft. Später ist die *Heiligengestalt zum Weihnachtsmann* geworden. In Deutschland machte ihn die Zeichnung des österreichischen Malers Moritz von Schwind („Herr Winter", 1847) bekannt. Doch sein pelzbesetzter Mantel erinnert immer noch an das Bischofsornat. Der bischöfliche *Knecht Ruprecht* hat sich verselbständigt. Martin Luther lehnte den Nikolaus als Bescherungsfigur ab und empfahl, das Schenken auf Weihnachten zu legen. Der römische Kalender von 1969 bezeichnet das Fest als nicht mehr geboten.

📖 Theodor Storm, *Knecht Ruprecht* (1862)

Die *14 Nothelfer* in der katholischen Kirche gelten einzeln oder auch als Gruppe als die vornehmen Fürbitter bei Gott. Ihre Namen sind Achatius, Ägidus, Barbara, Blasius, Christophorus, Cyriakus, Dionysius, Erasmus, Eustachius, Georg, Katharina, Margaretha, Pantaleon, Vitus. Unter ihnen sind → Barbara und → Christophorus die bekanntesten.

Der *November* (lateinisch: *novem = neunter*) ist als ursprünglich neunter Monat durch den Julianischen Kalender zum elften Monat geworden. Im Deutschen trägt er die Namen *Windmonat, Nebelmonat* und *Nebelung*.

Numinos (lateinisch: *göttlich*) bezeichnet das göttliche Walten. Der Begriff ist 1917 von Rudolf Otto durch sein Buch *Das Heilige* eingeführt worden.

Nunc dimittis → Benedictus

Der Monat *Oktober* (lateinisch: *october = achter*) nahm im altrömischen Kalender den achten Platz ein, heute ist es der zehnte Monat. Im Deutschen gilt er als der *Weinmonat. Gilbhart (gilben = gelb werden)* ist ein Kunstwort des 20. Jahrhunderts.

Ora et labora, (Deus adest sine mora) = Bete und arbeite, (Gott ist da ohne Verzug) ist eine mittelalterliche Mönchsregel, die nicht auf Benedikt von Nursia zurückzuführen ist.

Ein *Orakel* (lateinisch: *oraculum = Weissagung*) bezieht sich immer auf einen Ort, auf eine *Orakelstätte*. Ein Priester verkündete die Weissagung. Der Orakelspruch kann rätselhaft und mehrdeutig sein. In der Antike ist das Orakel von Delphi mit seinem Spruch *„Erkenne dich selbst"* weltbekannt geworden. Berühmt wurde auch das Orakel der Sphinx, das Ödipus zu lösen wusste.
📕 Robert von Ranke-Graves, *Griechische Mythologie. Quellen und Deutung*, Reinbek 1985.

Das *Osterfeuer* in der Osternacht oder am 1. Osterfeiertag ist seit dem Jahr 1599 ein Brauch, der in *Bayern Jaurus-, Judas-* oder *Jaudasfeuer* genannt wird, worauf manchenorts noch eine Strohpuppe an der Spitze des Holzstoßes auf den Verrat des Judas hinweist. Die hoch aufgerichteten Holzstöße aus Baum- und Strauchschnitt und totem Holz auf einer Wiese oder auf dem Felde stehen in den ländlichen Gegenden im Wettstreit um das höchste Feuer. Deshalb wird es in den Nächten vor Ostern auch bewacht.

Der *Osterhase* ist der Hase, der nach dem Kinderglauben die Eier legt oder bringt. Alte Bräuche weisen zu Ostern wie auch am Martinstag zunächst auf Jahreseinschnitte hin, an denen die *Pacht- und Zinsdienste* mit Eiern zu zahlen waren. Das Osterhasen-Brauchtum kommt wie auch der Weihnachtsbaum Ende des 17. Jahrhunderts im Oberrheinischen, im Elsass und in der Pfalz auf: Der Junge erhält von seinem Paten einen gebackenen Osterhasen, das Mädchen eine Osterhenne zum Fest geschenkt. Das Ei trägt die symbolische Bedeutung des Lebens und der Fruchtbarkeit. Den Hasen fällt eine ähnliche Bedeutung zu. Sie gelten auch als das Sinnbild großer Wachsamkeit.

Palmarum (lateinisch: *die Palmen*) oder *Palmensonntag* heißt der letzte Sonntag vor Ostern. Sein Name rührt von den Palmenprozessionen dieses Tages her. Dazu brach man von einer vor den Toren der Stadt gelegenen Kirche auf, verteilte die geweihten Palmzweige oder Olivenzweige an die Teilnehmer und wiederholte liturgisch mit einem Palmesel den Einzug Jesu in Jerusalem. Im anschließenden Stadtgottesdienst begann man mit der Lesung der Leidensgeschichte Jesu.
📖 Bibel: Markus 11, 1-10 par; Johannes 12, 12-19

Paramente (lateinisch: *parare mensam = den Tisch bereiten*) werden die Bekleidungen, Behänge von → Altar, → Taufstein, → Ambon und → Kanzel und die → liturgischen Gewänder (Messgewand, Stola) der Geistlichen genannt, die den Farben des Kirchenjahres entsprechen.

Die *Passionszeit* (lateinisch > französisch: *passio = Leiden, Erdulden*) erstreckt sich über die gesamte 40-tägige Fastenzeit von Aschermittwoch an. Liturgisch beginnt sie erst mit dem 5. Sonntag in der Fastenzeit Judika.

Ein *Pate* (lateinisch: *pater = geistlicher Vater, Taufzeuge*) ist in der katholischen Kirche ein Tauf- und Firmzeuge, in der evangelischen Kirche ein Taufzeuge. Das *Patenamt* geht auf die Katechumenatszeugen der Erwachsenentaufe der frühen Kirche zurück. Bis zum 9. Jahrhundert war nur ein Pate erlaubt, im Mittelalter wurden bis zu drei Paten zugestanden. Der Pate ist getauft, im Glauben unterrichtet und gehört der Kirche an.

Perikopen (griechisch: *das Ringsumherbehauen, der Abschnitt*) werden die Abschnitte aus der Heiligen Schrift genannt, die für die Lesungen und für die Predigt im christlichen Gottesdienst gebraucht werden.

Quatemberfasten (lateinisch: *quattor + tempus = vier + Zeit)* heißt das Vierteljahresfasten zu Beginn der vier Jahreszeiten. Die Ostersynode im 11. Jahrhundert legte eine Ordnung für die Jahreszeitenfasten fest: Den Aschermittwoch für das *Frühlingsfasten*, einen Tag in der Pfingstwoche für das *Sommerfasten*, einen Tag in der Woche der Kreuzerhöhung (14. September) für das *Herbstfasten* und einen Tag in der dritten Adventswoche für das *Winterfasten*. Als Fastentage gelten der Mittwoch, Freitag und Samstag.

Ramadan (arabisch: *ramad)* ist der einzige Monatsname, der im Koran überhaupt genannt wird: in welchem der Koran herabgesandt wurde. Die sprachliche Wurzel weist auf die sommerliche Hitze im alten arabischen Kalender hin. Am Ende der heute im lunaren Kalender durch das Jahr wandernden Fastenzeit steht das *Fest des Fastenbrechens*. Als Vorbild für das → Fasten im Islam hat Moses Fasten auf dem Sinai gedient, als er die Gesetzestafeln von Gott erhalten haben soll.

📖 Koran: Sure 2, 179-183. 📖 Bibel: 2. Mose 19-20

Das Wort *rite* bezieht sich ursprünglich auf den in ordnungsgemäßer Weise vollzogenen Ritus, zum Beispiel den Gottesdienst, die Sakramente oder Amtshandlungen. Außerdem gilt das Wort als das Prädikat „genügend" bei deutschen Doktorprüfungen.

Das *Ritual* ist ein sozialanthropologische Begriff. Der englische Biologe Julian Sorell Huxley hat ihn 1923 von der Signalwirkung, die mit der Putz- und Balzbewegung von Vögeln einhergehen, abgeleitet. Seine Definition des *Rituals* lautet: Es sei immer dann gegeben, wenn *ein Verhalten sich in den Dienst einer Signalbildung* stellt, die von den Anderen verstanden wird. Deswegen kann beispielsweise der Kniefall als ein Zeichen der Schwäche oder als eine Demutsgeste, das Hutlüften, die Handberührung der Kopfbedeckung oder das Hochklappen des Ritterhelms als ein Gruß verstanden werden.

Der *Ritus* ist ein religiös bedingter Vorgang, der seine Bedeutung in sich selbst trägt. In dem Sinne wird auch in der katholischen Kirche die buchstäblich vorgeschriebene Weise, in der gottesdienstliche Handlungen vollzogen werden, als *griechischer, lateinischer* oder *orientalischer Ritus* bezeichnet. Für den religions- und liturgiegeschichtlichen Gebrauch des Ritus gilt, dass der Mythos der Ritualtext des Ritus ist.

Der *Rosenkranz* (lateinisch: *rosarius = von Rosen)* wird in der katholischen Kirche seit dem Ende des 15. Jahrhunderts zur Andachtsübung gebraucht. Der Name bezeichnet die *Gebetsschnur als ein Zählgerät* wie die dabei gesprochenen Gebete zu Ehren Marias. Der Gebetskranz ist wahrscheinlich durch die Kreuzzüge vom Islam (→ *Subha*) in Europa eingedrungen und zunächst nur von den Mönchen beim Gebet gebraucht worden.

Nach der seit 1569 verbindlichen Gestalt bildet eine Perlenschnur mit 15 x 10 Perlen (Rosen) einen geschlossenen Kreis, dessen Zahl an die 150 Psalmen der Bibel erinnert. Natürlich gibt es auch kleinere Rosenkränze. Am Ende des Rosenkranzes hängt an den Kreuzperlen ein Kreuz.

Die Gebetsübung beginnt damit, das Kreuz in der Hand zu halten und das → *Apostolikum* zu sprechen. Dieses wird mit dem Lobpreis *„Ehre sei dem Vater…"* abgeschlossen. Mit der darauf folgenden größeren Perle in der Hand wird ein → *Vaterunser* gebetet. Die sich anschließenden drei kleineren Perlen verbinden sich jeweils mit dem *Englischer Gruß Ave Maria,* der mit einem perlenlosen *„Ehre sei dem Vater…"* abgerundet wird. Daraufhin folgt im eigentlichen Gebetskreis mit der größeren Perle in der Hand das erste *Vaterunser.* Die 15 x 10 Gebetsabschnitte, die Perlen dabei durch die Finger gleitend, setzen sich jeweils aus einem *Vaterunser* und *zehn Ave Maria* zusammen, die wiederum durch den Lobpreis *„Ehre sei dem Vater…"* – vor dem nächsten *Vaterunser* – abgeschlossen werden.

📖 Bibel: Matthäus 6, 9-13; Lukas 1, 28 und 42

Das *liturgische Rot* steht für das *Blut,* das *Feuer,* die *göttliche Liebe,* den *Heiligen Geist* und ist an Märtyrertagen und Kirchenfesten zu sehen: Pfingsten, Kirchweih, Apostel- und Märtyrergedenktage, am Reformationstag und am Ordinationsgottesdienst.

📖 EG: Liturgischer Kalender

In den Tagen des Jahresendes gehen die Kinder in kleinen Gruppen an der Küste Schleswig-Holsteins beim *Rummelpottlaufen* von Haustür zu Haustür. Sie gebärden sich lustig oder wild und grimmig, sind bunt verkleidet und tragen bemalte Gesichter, um nicht erkannt zu werden. In der Hand tragen sie einen Topf, über den eine Schweinsblase gezogen ist. In der Mitte ist ein Rohr eingebunden. Die Kinder drehen und reiben das Rohr, bis ein schnarrendes Geräusch entsteht. Das nennt man das den *Rummelpott* rühren. Dazu singen sie *Rummelpottlieder* und sagen sie Heischesprüche. Erhalten sie von den Hausbewohnern eine Gabe (Nüsse, Äpfel, Kleingebäck, eine Münze), so singen sie ein Dankeslied, gibt er's nichts oder zu wenig, wird ein lautes Spottlied angestimmt.

Den *Sabbat* (hebräisch: *sabbat = Ruhetag)* zu heiligen, findet sich für Juden im *Zehnwort* in der Bibel, das unseren zehn Geboten entspricht. Es bezieht sich auf den *Ruhetag Gottes,* den siebten Tag seiner Schöpfung. Die andere Begründung bezieht auf das Gedächtnis des Auszuges Israels aus Ägypten. Die Christen hielten anfangs auch den Sabbat ein, um dann den *ersten Tag der Woche* als Tag der Auferstehung Jesu Christi am → Sonntag zu begehen.
📖 Bibel: 2. Mose 20, 11: Matthäus 24, 20; 1. Korinther 16, 2; Apostelgeschichte 20, 7.

Sakramente (lateinisch: *sacramentum = Fahneneid, kultische Weihe)* gelten in der Kirche als *zeichenhafte Mitteilungen der göttlichen Gnade.* Nach evangelischem Verständnis gibt es nur die Sakramente Taufe und Abendmahl. Die katholische Kirche kennt die Taufe, Firmung, Eucharistie, Buße, Letzte Ölung, Priesterweihe und Ehe.

Die *Schaffermahlzeit,* die in jedem Jahr am zweiten Freitag im Februar heute in der Oberen Rathaushalle in Bremen begangen wird, ist ursprünglich eine Veranstaltung des *Hauses Seefahrt,* die am 19. März 1545 als Stiftung *Die Arme Seefahrt* gegründet worden ist.

Der Dichter Homer (800 v. Chr.) führt in seinem Ilias-Epos den *Schlaf* auf den Gott *Hypnos* zurück, der dem Menschen die Sinne fessele und auf ihn lieblich und erquickend wirke, so dass der Mensch ohne Eindrücke der äußeren Sinne, ohne Wissen um Ort und Zeit und ohne eigenen Willen bleibe. Da der Gott *Thanatos* (griechisch: *Tod, Todesgott),* der Sohn der Nacht, Zwilling des Schlafes beim Menschen dasselbe wie der Gott Hypnos im Schlaf bewirkt, wird er dessen Bruder genannt.
📖 Homer, *Ilias,* 24. Gesang.

Das *liturgische Schwarz* gilt als die Farbe der Trauer, an Totengedenktagen, am Karfreitag und Karsamstag. Die Trauerfarbe geht wahrscheinlich auf das Jahr 1498 zurück. Die Königin Anna, die Gemahlin des Karl VII. von Frankreich, trug beim Tode ihres Mannes zum ersten Mal schwarze, statt weiße Trauerkleider.

Von der Antike bis ins späte Mittelalter – wie noch heute in China und Japan – war Weiß die Farbe der Trauer.

📖 EG: Liturgischer Kalender

Der *September* (lateinisch: *septem = siebenter)* ist im altrömischen Kalender der siebte Monat gewesen, nach Caesars Reform der neunte Monat geworden. Er heißt auch *Herbstmond* oder *Scheiding*.

Silvester, der letzte Tag des Jahres hat seinen Namen von dem Tagesheiligen, Papst Silvester I., her. Der Altjahrsabend ist durch starken Volksglauben und regionale Bräuche bestimmt, die bösen Geister und Dämonen durch Lärmen (Trommeln, Schellen, Peitschenknallen), Böllern, Feuerwerkskörper und Vermummungen zu vertreiben und zugleich Zukunftsforschung (Horoskope, Bleigießen) zu betreiben. Die Jahreswende ist in Deutschland erst 1776 eingeführt worden und wird von den Kirchen rituell durch Jahresendgottesdienste und Abendmahlsfeiern begleitet, das neue Jahr mit den Kirchenglocken um Mitternacht begrüßt.

📖 EG 58-61

Der *Sonnabend* ist der Vorabend eines Feiertages, der Feierabend. Er wird donauaufwärts und rheinabwärts auch *Samstag* genannt.

Der *Sonntag* geht auf den Tag der Auferstehung Jesu Christi von den Toten zurück. Die Christen könnten an jedem Sonntag ein wöchentliches Osterfest feiern. Sie bezeichneten diesen ersten Tag der Woche (griechisch: *kyriakae haemera = Tag des Herrn)* als *Herrentag*. Sie nannten ihren Herrn *Kyrios* und rufen ihn noch heute im Gottesdienst an: *Kyrie eleison. Herr, erbarme dich.* Der christliche Sonntag ist bereits Mitte des 1. Jahrhunderts in den paulinischen Gemeinden bekannt. Der Name rührt daher, dass der Kaiser Constantin in den römischen Sonnenkult christliche Glaubenselemente integrierte und am 3. März 321 den Sonn(en)tag als staatlichen Feiertag einführte.

📖 Bibel: 1. Mose 1; 2. Mose 20; 23; 34; 5. Mose 5; Markus 16, 1

Die *Sonntage im Kirchenjahr* tragen bis auf die Namen der großen Feste einen liturgischen Namen. Dieser richtet sich in der Regel nach dem Eingangsspruch der Gottesdiensteröffnung des jeweiligen Sonntages. Die lateinischen Namen der Passionssonntage wurden früher in der richtigen Reihenfolge nach dem Merkvers gelernt: *In rechter Ordnung lerne Jesu Passion:* (→ **I**nvokavit, **R**eminiscere,

Okuli, Laetare, Judika, Palmarum). Entsprechendes galt von den Ostersonntagen: *Quitten müssen junge Kandidaten roh essen:* (→ Quasimodogeniti, Misericordias Domini, Jubilate, Kantate, Rogate, Exaudi).

Die *Sonntagspflicht des Gottesdienstbesuches* geht auf die so genannte konstantinische Wende zurück. Die Kirche übernahm die Aufgabe, mit ihren Gottesdiensten den öffentlichen Kultus für Kaiser und Reich, der für die Wohlfahrt des Reiches als unabdingbar notwendig galt, zu gewährleisten. Kaiser Konstantin verordnet am 3. März 321 für den öffentlichen Dienst und die Stadtbevölkerung die *Arbeitsruhe am Sonntag (dies Solis).* 337 verhängte er auch für die Soldaten am Sonntag ein Arbeitsverbot und Urlaubsgebot, damit jedermann seinen kultischen Verpflichtungen nachkommen könne.
📖 Bibel: 1. Mose 1; 2. Mose 20; 5. Mose 5. 📖 EG: Katechismus

Stundengebete: Die Abfolge der Gebetszeiten richtet sich nach der antiken Zeitrechnung. Als Tag galt die Zeit von Sonnenaufgang bis -untergang, die man in zwölf gleich lange Stunden einteilte. Wie lang eine solche Stunde war, hing von der Länge der Zeit von Sonnenaufgang bis -untergang ab. Aus den lateinischen Angaben der Tageszeiten ergeben sich die Namen:
Frühmorgens (2 Uhr): Vigil (Nachtwache), Matutin bzw. Mette (morgendlich-asketisch).
Morgens (6 Uhr): die *Laudes* (Morgenlob), die Prim (Sonnenaufgang).
Vormittags (9 Uhr): die *Terz* (3. Stunde nach Prim) – eine kleine Hora.
Mittags (12 Uhr): die *Sext* (6. Stunde nach Prim) – eine kleine Hora.
Nachmittags (15 Uhr): die *Non* (9. Stunde nach Prim), kleine Hora.
Abends (18 Uhr): die *Vesper* (das Abendgebet).
Nacht (21 Uhr): die *Complet* (das Nachtgebet).
Sie war regional verschieden und in den Jahreszeiten unterschiedlich. Ursprünglich gab es acht *(Mette bis Complet)* verschiedene Gebetszeiten, die heute auf sieben *(Laudes bis Complet),* seit 1970 auf fünf *(Laudes bis Vesper)* verkürzt worden sind.

Die *Subha* (türkisch: *Sebha)* ist die ursprünglich aus Holz, Knochen, Perlmutter, heute aus Glas, Edelstein oder Kunststoff angefertigte Gebetskette, die im 8./9. Jahrhundert aus Indien kommend im Islam, im 12./13. Jahrhundert im Christentum als → Rosenkranz aufgenommen wurde. Die Subha dient dem Gedenken

Allahs, dem Preisen seiner 99 Namen; das geschieht formelhaft. 33 x: *„Preis sei Allah,"* 33 x: *„Lob sei Allah,"* 33 x: *„Allah ist groß."* Es kann auch nur eine Sure gebetet oder die Shahada, das muslimische Glaubensbekenntnis oder der Gottesname rezitiert werden.

Die *Sure* (arabisch: *Reihe)* ist eines der 114 Kapitel des Korans, der heiligen Schrift des Islam. Jedes Kapitel trägt einen eigenen Namen. Koran heißt einfach Rezitierungsbuch.

Das *Symbol* beginnt erst zu sprechen, wenn es wahrgenommen wird. Bereits in der Antike war *symbolon* nichts Eindeutiges. Es trug den Sinn eines Erkennungszeichens (griechisch: *symballein = zusammenwerfen, vereinigen).* Man zerbrach ein gebranntes Stück Ton, etwa die Hälfte eines Kruges oder eine Münze, und schickte die eine Hälfte dem fernen Freund oder Geschäftspartner. Die andere Hälfte gab man – gewissermaßen als Ausweis – dem dorthin Reisenden mit auf den Weg. Bei dessen Ankunft wurden die beiden Ton- oder Metallstücke aneinandergefügt. Stimmten die beiden Bruchstellen überein, so war der Gastfreund legitimiert. Solche Scherbenhälften, die sich eindeutig als zusammengehörig erwiesen, wurden *symbolon* genannt. *Symbole sind Erinnerungsscherben.* Das Symbol trennt und vereint. Und es dient der Erkenntnis und führt zum Bekenntnis.

📖 Haus Biedermann, *Knaurs Lexikon der Symbole,* Augsburg 2002

Der *Tag* (althochdeutsch: *tac,* altfriesisch: *di, dei,* englisch: *day,* altnordisch: *daegr)* umfasst die *Tag- und Nachthälfte* eines Tages und hat die germanische *(daga)* Grundbedeutung *lichte Zeit.* Der Brockhaus definiert ihn folgendermaßen: *„Tag nennt man im gemeinen Leben die Zeit der Anwesenheit der Sonne über dem Horizont; Nacht die ihrer Abwesenheit."*
Ein *Tag* steht auch für eine bestimmte Versammlung, die ihm einen Namen gibt, die mit gewissen Ritualen versehen ist; beispielsweise der *Feiertag, Familientag, Reichstag, Kirchentag, Bundestag.* – Wie der → Morgen war ein Tag bzw. Tagwerk ein Arbeitsmaß, auch die Flächenbezeichnung für ein *Tagwerk* (25 bis 36 ar = 2500-3600 m2), das ein Bauer mit einem Ochsengespann von Sonnenaufgang bis -untergang pflügte.
📖 Allgemeine deutsche Real-Encyklopädie für die gebildeten Stände (Conversations-Lexikon). In zwölf Bänden. Elfter Band. Leipzig 1836, 10-11.

Talar (lateinisch: *talaris = bis zu den Knöcheln hinabreichendes)* heißt die schwarze Amtstracht des evangelischen Geistlichen. Dazu gehört das *Beffchen* (lateinisch: *biffa = Kragen)* oder die Halskrause als Kragen und das *Barett* (lateinisch: *birrus = Kopfbedeckung)*. Der Talar geht auf die *Schaube* (arabisch), ein seit dem 15. Jahrhundert offenes weites Gewand mit langen Ärmeln zurück, das die Frauen, Männer, Schüler und Gelehrten trugen. Martin Luther hat den Gelehrtenmantel des Mittelalters getragem, nachdem er die Mönchskutte abgelegt hatte. Infolge einer Kabinettsordre Friedrich Wilhelm III. ist 1811 *den Richtern, Geistlichen und Rabbinern* der Talar verordnet worden.

Als *Talisman* (arabisch: *talsam= Zaubermittel)* wird ein kleiner am Körper getragener Schutz- oder Segensbringer angesehen, der häufig mit einem Schriftzeichen versehen ist → Amulett.

Das *Te deum* (lateinisch: *laudamus)* ist die liturgische Bezeichnung nach den Anfangsworten des Gesanges *„Dich Gott loben wir"*, der lange irrtümlich dem Kirchenvater Ambrosius zugeschrieben wurde. Es ist ein Teil des → Stundengebetes.

In den USA wird heute der *Thanksgiving-Day* am letzten Donnerstag im November als Erntedankfest in den Familien und mit Freunden begangen. Präsident George Washington hat ihn 1789 als nationalen Feiertag eingeführt, der Kongress beschloss 1941, ihn am vierten Donnerstag im November zum Feiertag zu erheben. Zu dem Mahl gehört unbedingt ein gebratener, gefüllter Truthahn. Persönlich gesprochene Dankgebete der Gäste begleiten das Essen.

Der *Thomastag* wird in der katholischen Kirche heute wegen der Überführung seiner Gebeine nach Edessa am 3. Juli begangen. Evangelischerseits wird an dem *Mitwinter*, den 21. Dezember festgehalten. Es ist der Beginn der → Zwölf Nächte. Thomas gilt als ein besonders leibhaftiger Augenzeuge der Auferstehung. Der sogenannte ungläubige Jünger soll der Legende nach im Iran und in Indien missioniert haben und dort als Märtyrer gestorben sein. Auf ihn beruft sich heute die aus Finnland stammende *Thomasmesse,* die seit 1993 auch in Deutschland gefeiert wird.

📖 Bibel: Johannes 11, 6; 14, 5; 20, 24-28; 21, 2

Tora (hebräisch: *Tora = Weisung)* ist die am Sinai ergangene göttliche Offenbarung Israels im Judentum. Unter diesem Begriff werden gewöhnlich die 5 Bücher Mose verstanden.

Der 1. April gilt als der Geburts- oder Todestag des Verräters Judas und ist ein *Unglückstag*. Der Legende nach wurde Luzifer an dem Tag aus dem Himmel verstoßen. Im Mittelalter galt der Valentinstag am 14. Februar in England, Belgien und Nordfrankreich als ein Unglückstag. An ihm soll der Verräter Jesu, Judas Ischariot, geboren worden sein.

Der *Valentinstag* am 14. Februar erfreut sich heute als Freundschaftstag großer Beliebtheit. Er verdankt sie der Geschenkindustrie und Blumenzucht, insbesondere der Werbung der Floristen. Bis 1912 wurde an dem Tag in Bayern Mariae Lichtmess gefeiert. Der Valentinstag hat nichts mehr mit dem Märtyrer St. Valentin zu tun. Dieser ist 1970 aus dem Heiligenkalender gestrichen worden.
In Nordamerika kam der Brauch auf, am Valentinstag durch das Los Paare als Valentin und Valentine zu bestimmen, sie ein Jahr lang in *scherzhaftem Liebensverhältnis* zueinander stehen zu lassen. Von daher rührt auch in einigen Ländern die Vorstellung, den Valentinstag als Tag der Liebenden und vom St. Valentin als Schutzpatron der Verliebten und Verlobten.
📖 Bibel: Lukas 2, 22-52

Das *Vaterunser, Vater Unser,* wird nach dem Gebetsbeginn – in der lateinischen Überlieferung des Gebets in der Vulgata, *Paternoster,* genannt. Das Gebet, das auf Jesus zurückgeführt wird und deshalb auch *Herrengebet* heißt, kennt zwei neutestamentliche Quellen: Die längere Version mit sieben Bitten in der Bergpredigt des Matthäusevangeliums (Matthäus 6, 9-13) und die kürzere Fassung mit fünf Bitten in der Feldrede des Lukasevangeliums (Lukas 11, 2-4). Durch den Taufritus ist das Vaterunser im 5. Jahrhundert zu einem festen Bestandteil des Gottesdienstes geworden.

Das *I. Vatikanische Konzil* (1869-1870) trägt seinen Namen nach dem Tagungsort des 1929 gegründeten katholischen Kirchenstaats in Rom. Der Vatikan wird nach der Hügelkette Vaticanus am rechten Tiberufer in Rom genannt. Das Konzil war von der Auseinandersetzung der Bischöfe der Weltkirche mit der durch die Reformation, Aufklärung, insbesondere die französischen Revolution geprägten Moderne bestimmt. Es befasste sich mit der Erkennbarkeit Gottes aus der Schöpfung (gegen Kant u.a.), den *Ex-cathedra-Entscheidungen* (Unfehlbarkeit) des Papstes und die obersten bischöfliche Gewalt des Papstes (Universalepiskopat) über die katholische Kirche. Die Konzilsbeschlüsse führten 1871 zur Absonderung der Altkatholiken, die sich in Utrecht 1889 zur Kirchengemeinschaft zusammenschlossen.

Das *II. Vatikanische Konzil* (1962-1965) trägt seinen Namen nach dem Tagungsort des 1929 gegründeten katholischen Kirchenstaats in Rom. Es ist von Papst Johannes XXIII. einberufen und Papst Paul VI. geschlossen worden und tagte in vier Sitzungsperioden vom 11. Oktober 1962 bis 8. Dezember 1965. Das Konzil öffnete die Kirche zur Moderne in der Kirchenlehre, besonders der Schriftauslegung, und in der Haltung der Kirche gegenüber anderen Religionen (Israel, Islam), den Laien im Gottesdienst (Muttersprache) gegenüber sowie zu den Grund- und Menschenrechten.

Vigilie (lateinisch: *vigil* =*Wächter*) bezeichnet das *Wachen der ganzen Nacht,* besonders zu einer nächtlichen religiösen Feier, die mitternächtliche Gebetsstunde und für den *Vorabend eines Festes;* beispielsweise für den Heiligen Abend, die Osternacht (Ostersonnabend) und den Vorabend vor Pfingsten.

Das *liturgische Violett* steht für die Buße. Es gehört zu den *Fastenzeiten:* in der Adventszeit vor Weihnachten, Passionszeit vor Ostern, zu den Buß- und Bettagen.
📖 EG: Liturgischer Kalender

Als Wünsche erfüllende *Vorzeichen* werden Himmelserscheinungen wie der Regenbogen, die Sternschnuppe, die Sonnenfinsternis angesehen. Die *Vorzeichenpraxis* befasst sich mit Horoskopen, Astrologie, Wahrsagerei, Handlesen, Kartenlegen, spiritistische Sitzungen, Pendeln, Rutengänge, Liebes- und Heilungszauber. Weit verbreitet ist die beschwörende Geste, auf Hölzernes zu klopfen, unberufen oder „Toi, Toi, Toi" auszurufen, um Ungemach abzuwehren.
Die *Vulgata* (lateinisch: *allgemein bekannt, verbreitet)* stellt die Überarbeitung der altlateinischen Bibelübersetzung durch Hieronymus im 4. Jahrhundert dar. Das Konzil von Trient erklärte 1546 die Vulgata – gegenüber Luthers deutscher Bibelübersetzung – als die maßgebliche Schrift in Glaubens- und Sittenlehre.
Als *Wallfahrt (> pilgern, wandern, reisen)* kann eine Pilgerreise zu einem oder

auch mehreren heiligen Stätten verstanden werden, um dort der innewohnenden Macht (Heilung, Fruchtbarkeit, Wohlstand) teilhaftig zu werden. Beliebte Wallfahrtsorte sind für die Juden: Jerusalem, für die Christen: Jerusalem, Rom, Santiago de Compostela, Lourdes, Alt-Ötting, Kevelaer, Tschentochau, für die Muslime Mekka, Kerbela.

Weihnachten wird am 25. und 26. Dezember als Geburtstag des Sohnes Gottes, Jesus Christus, begangen. In den ersten drei Jahrhunderten kannte die Kirche außer Ostern keine weiteren Jahresfeste. Erst in der zweiten Hälfte des 3. Jahrhunderts wurde zuerst in der Ostkirche → Epiphanias, das Fest der Erscheinung Christi, und bald darauf in der Westkirche Weihnachten, das Geburtsfest Christi, gefeiert. Weihnachten wird seit 354 n. Chr. am 25. Dezember begangen und ist das jüngste Fest im Kirchenjahr.

Im 6. Jahrhundert gestaltet sich der Weihnachtsfestkreis mit vier Feiertagen heraus, im 9. Jahrhundert erst kamen die Musik und Krippen dazu. In der Reformationszeit wurde der Mitternachtsgottesdienst am Ersten Weihnachtsfeiertag durch die Christvesper am Vorabend ersetzt. Die Christmette, die nach der damaligen Übung dem nächtlichen Gottesdienst voranging, verlegte man schließlich auf den frühen Morgen des ersten Weihnachtstages. Aus der Vorabendmesse der katholischen Praxis bzw. aus der nächtlichen Christmette sind mit den Christvespern, die Anfang des 20. Jahrhunderts aufkamen, in dem Heiligen Abend aufgegangen.

📖 Bibel: Lukas 2; Matthäus 2

Bis zum 18. Jahrhundert wurde das Weihnachtsfest ohne *Weihnachtsbaum* begangen. In seinen Anfängen ist der Tannenbaum noch als ein Lebensbaum des Paradieses verstanden worden, was sich auch an seinem Früchteschmuck ablesen lässt. Der erste Nachweis eines mit einem Stern und Lichtern geschmückten Tannenbaumes findet sich 1509 auf einem Kupferstich von Lukas Cranach dem Älteren. Im häuslich familiären Milieu ist der Weihnachtsbaum laut einer elsässischen Chronik erstmals 1605 in Schlettstadt anzutreffen. Erst im Verlauf des 18. Jahrhunderts kommt er in der gehobenen Bürgerschaft von Straßburg, München, Wien und Zürich als Weihnachtsbrauch auf. In den Familien hat sich der Weihnachtsbaum erst im 19. Jahrhundert durchgesetzt.

Literarisch nimmt Johann Wolfgang Goethe in *Die Leiden des jungen Werthers* bereits 1774 auf den Weihnachtsbaum Bezug. Friedrich Schiller hält in einem

Brief an seine Braut Lotte von Lengsfeld 1789 fest, dass er sich schon auf den Baum freue. Für Johann Peter Hebel gehört der Baum 1803 bereits zum Christfest. In seinem Lied *Die Mutter am Christabend* in seinen Alemannischen Gedichten bezieht er sich darauf. Doch das Märchen *Nussknacker und Mausekönig* von Ernst Theodor Amadeus Hoffmann (1816) machte den Lichter glänzenden, bunt geschmückten Tannenbaum zum Mittelpunkt der Weihnachtsbescherung und damit erst richtig volkstümlich.

📖 Adalbert Stifter, *Bergkristall,* 1845

Seit vielen Jahrhunderten begleiten *Weihnachtskrippen* die Geburtsgeschichte Jesu Christi. Die Krippe von Bethlehem gehört zu den ältesten Weihnachtsbräuchen. Bereits seit dem 13. Jahrhundert lassen sich figürliche Darstellungen der Anbetung des Kindes in der Krippe durch Hirten und die drei Weisen aus dem Morgenland feststellen. Bekannt ist die Krippenfeier, die Franz von Assisi 1223 in Greccio hielt.

Der *Weihnachtsmarkt* ist als mehrtägiger Markt mit den Ständen und Buden aus dem Wochenmarkt in der Advents und Weihnachtszeit des 14./15. Jahrhunderts hervorgegangen: 1434 als *Striezelmarkt in Dresden,* 1529 in *Alt-Berlin,* 1628 als *Christkindelsmarkt in Nürnberg,* 1642 *Nikolausdult in München.* Dort wurden Süßigkeiten, Leckereien, Lebkuchen, Pfeffernüsse, Geschenkartikel, Spielsachen und Kunstgewerbliches zum Weihnachtsfest verkauft.

📖 Ludwig Tieck, *Weihnacht-Abend,* 1791

Das *liturgische Weiß* steht für das *Licht,* die *Reinheit, Unschuld, Freude, Vollkommenheit* und erinnert an das *Westerhemd* (lateinisch: *vester = Gewand)* der Katechumenentaufe, an die Abendmahlstücher und an das Taufkleid des Täuflings. Weiß findet sich auch an allen Herren-, Marien- und Engelfesten wieder: von Weihnachten bis Epiphanias, Gründonnerstag, Ostern, in der Osterzeit, am Trinitatisfest, Michaelstag.

📖 EG: Liturgischer Kalender

Das germanische Wort *Woche* findet seinen Ursprung in der Seemeile oder Strecke, nach der die Ruderer wechselten. Diese Reihenfolge gewinnt die *Grundbedeutung des Wechsels, der Abwechslung.* Von daher leitet sich die Vorstellung eines wiederkehrenden Zeitabschnitts von sieben Tagen ab. Die Auffassung von einer Wechselregierung der die Wochentage beherrschenden Gottheiten, wie sie die Namen unserer Wochentage noch widerspiegeln, ist von den Römern übernommen worden.

Yoga ist ein Sanskritwort, das die *Anschirrung der Zugtiere an den Wagen* und auch die geistige Sammlung bedeuten kann. Im indischen Kulturkreis ist Yoga das Streben, durch die Schulung des Körpers und des Geistes auf dem Wege innerer Sammlung zur erlösenden Erkenntnis, wenn nicht sogar zur Erlösung selbst, zu gelangen. Die Yoga-Übungen dienen dazu, den Körper, Geist und die Seele zu aktivieren, den Kreislauf anzuregen, um neue Lebensenergien für die eigene Aktivität zu erhalten. Sie werden ebenfalls für den Abend empfohlen. Der *Sonnengruß (Surya Namaskar)* besteht aus zwölf ineinander übergehenden Bewegungen, bei denen jede einzelne Körperstellung und Haltung einer bestimmten Atmungsweise entspricht.

Der *Zapfenstreich* (norddeutsch: *tappen toslan)* rührt von dem Schlag auf den Zapfen her, mit dem der Wirt das Schenkfaß früher geschlossen hat. Herzog Albrecht Wenzel Eusebius von Waldstein (Wallenstein) gebot im Dreißigjährigen Krieg (1618-48) den Zechgelagen seiner Soldaten Einhalt, indem er jeden Abend ein Signal blasen ließ und den Marketenderinnen befahl, den Zapfen auf die Tonne zu schlagen. Hans Jakob Christoffel von Grimmelshausen berichtete in seinem *Simplicissimus,* dass es dabei auch einen Trommelwirbel gegeben habe. Dieser Brauch wanderte von dem Lagerleben in die Städte. Es ist ein mit Trommel, Horn oder Trompete gegebenes Abendsignal, bei dem die Soldaten in ihren Unterkünften zu sein haben.

Großer Zapfenstreich wird die Zeremonie am Abend genannt. Mit ihm wird eine bedeutende Persönlichkeit (z.B. Bundespräsident, Bundeskanzler, Bundesverteidigungsminister) geehrt oder feierlich verabschiedet. Die Zeremonie, die nach einem strengen Reglement abläuft, wird von einem Spielmannszug und einem Musikkorps ausgeführt und von zwei Zügen des Wachbataillons mit Gewehr und Fackelträgern begleitet. Der Staatsoffizier der Truppe erteilt die Kommandos und meldet sie der zu ehrenden Persönlichkeit. – Die heute verbindlichen Elemente des Großen Zapfenstreiches gehen auf verschiedene Zeremonielle zurück: Die Trommeln und Pfeifen erinnern an die Musik der Landsknechte, die Trompeten und Pauken an die Kavallerie. In der Zeit der Befreiungskriege (1813-15) bildete sich das Zeremoniell in seinen Bestandteilen heraus, was bis heute maßgebend für den Ablauf des Großen Zapfenstreichs ist. Seit 1922 endet der *Große Zapfenstreich* mit der Nationalhymne.

Die *Zeitmaße sind ursprünglich Wegmaße* gewesen. Ein Morgen bezeichnet die erste Tageshälfte, und ein Morgen – in Bayern *Tagewerk oder Juchert* – ist ein Feldmaß; ursprünglich so viel Land (25-36 a), wie ein Gespann an einem Morgen pflügt. Eine Wegstunde ist der Weg, den ein Wanderer in einer Stunde zurücklegt; ca. 3 ¾-5 km. Die Tagesreise entspricht der Entfernung, die ein Zug- oder Tragetier im Laufe eines Tages auf einer Landstraße bewältigen kann: etwa 40 km.

Das Verb *zelebrieren* (lateinisch: *celebrare*) bedeutet: *zahlreich besuchen, begleiten, umdrängen und eifrig betreiben ausüben, schließlich festlich begehen.*

Unter einer *Zeremonie* (lateinisch: *caerimonia > ceremonia = heilige Verehrung, Scheu, Ehrfurcht*) versteht man die geordnete Abfolge bestimmter menschlicher Handlungen. Eine Zeremonie kann beispielsweise ein Staatsbesuch sein, das Abschreiten der Ehrenformationen oder ein Zapfenstreich der Streitkräfte. Die Eröffnung der Olympischen Spiele mit dem Einzug der Sportlernationen ist ebenso eine Zeremonie. Auch ein Gottesdienst, eine Messe, ein Pontifikalamt, kann als solche angesehen werden. Zeremonien symbolisieren eine in Staat, Wirtschaft, Wissenschaft, Kultur und Religion vorherrschende Ordnung, die den Gesetzen des Ästhetischen unterliegt. Die Beschaffenheit, der Inhalt und Abfolge einer Zeremonie gehen auf ein religiöses Gebot (Messe, Gottesdienst, Amtshandlung), auf Gesetze, Sitte und Gewohnheit zurück und ist gesetzlich geschützt.

Die *zwölf wilden Nächte* oder die Glöckel- oder Rauhnächte liegen um den Jahreswechsel des Kalenders und sind mit ganz besonderem Brauchtum verbunden. Die Abgrenzung weicht in der Überlieferung voneinander ab. Es können die zwölf Weihnachtstage zwischen dem Heiligen Abend und dem Epiphaniasfest, jedoch ebenso auch die Nächte von der längsten Nacht des Thomastages und dem Neujahr sein.

Anmerkungen

1 An der Geschichte von Martha und Maria sind die beiden Wege der Nachfolge Christi exemplarisch darstellbar: Die *vita activa* und *vita contemplativa*. Die *vita contemplativa* blieb den Mönchen vorbehalten. Die *vita activa* bestimmt das tätige Leben der Nächstenliebe in der Gemeinde.

2 Das Sprichwort geht auf die Fabel *„Die Hasen und die Frösche"* des griechischen Dichters Aesop aus dem fünften vorchristlichen Jahrhundert zurück. Sie lehrt, dass die Unglücklichen aus dem noch schlimmeren Leiden anderer einen Trost ziehen können: *„Trost für jeden im Leid ist, Unglücksgefährten zu haben."* Der englische Dramatiker Christopher Marlowe nimmt in seinem Theaterstück *The Tragical History of Doctor Faustus* (englisch: 1587, deutsch: 1588) diese Moral auf: *„Wonne für jeden im Leid ist, Leidensgefährten zu haben."*

3 Johann Wolfgang von Goethe, *Faust I (Marthens Garten)*, Leipzig 1806.

4 Jean Paul Friedrich Richter, *Hesperus XX*, Sämtliche Werke 1. Abt. Bd. 3, Weimar 1929, S. 306.

5 Vgl. Hans-Joachim Markowitsch, *Dem Gedächtnis auf der Spur. Vom Erinnern und Vergessen*, Darmstadt 2002, S.74-89.

6 Erich Kästner, *Kleine Stadt am Sonntagmorgen*, 1929. Franz Josef Degenhardt, *Deutscher Sonntag*, 1965.

7 Das Verb schenken entwickelte sich im Mittelhochdeutschen aus: *ein-. ausschenken, zu trinken geben*, später *geben*. Von dieser Bedeutung besagt die indogermanische Wurzel *schief stellen*, woher der *Schenkel (Winkel)* abgeleitet wird.

8 Martin Heidegger, *Unterwegs zur Sprache*, Pfullingen 1959, S. 111.

9 Hellmut von Gerlach macht in seinem Buch, *Die Große Zeit der Lüge* (Donat Verlag, Bremen 1994, S. 9 f.) darauf aufmerksam, dass aufgrund der Initiative einer Kieler Mittelschulklasse seit dem Spätsommer 1914 das deutsche Volk anstatt des französischen *„Adieu"* das deutsche *„Auf Wiedersehen"* gebrauchte.

10 Jean Laplanche/Jean-Bertrand Pontalis, *Das Vokabular der Psychoanalyse*. 2. Bd., Frankfurt am Main 1973, S. 491 f.

11 Theodor Gottlieb von Hippel, *Lebensläufe nach aufsteigender Linie nebst Beilagen ABC*. Sämtliche Werke, 3. Teil, 1. Bd., Berlin 1828, S. 127.

12 Paul Tillich, *Die Frage nach dem Unbedingten. Schriften zur Religionsphilosophie*. Gesammelte Werke, Bd. V, Stuttgart 1964, S. 26.

13 „*Einen guten Tisch führen, nach Tische wollen, vor Tische kommen, zu Tische behalten, zu Tische bleiben, den Tisch decken, zu Tisch bitten, zu Tische läuten, zu Tische gehen, zu Tische rufen, an den Tisch gehen, nicht zu Tische kommen, vom Tische wegbleiben, sich zu Tische setzen, sich an einem Tisch zusammensetzen, die Füße unter den Tisch stellen, noch bei Tische sitzen, bei Tische Zeit haben, vom Tische aufstehen, den Tisch bezahlen, den Tisch bei ihm haben, den Tisch aufsagen, unter dem Tisch geschehen, über den Tisch ziehen, unter den Tisch trinken, auf den Tisch bringen, reinen Tisch machen, etwas vom Tisch bringen, auf den Tisch hauen, das Tischtuch zerschneiden.*" Jacob und Wilhelm Grimm, *Deutsches Wörterbuch*. Bd. 21, Leipzig 1854 ff, Sp. 505-512.

14 „*Dabei besteht ein Zusammenwirken von Seele und Leib. Die Einflüsse der Körperbewegungen auf das Herz erklären etwas die Geheimnisse der rituellen Gebetsübungen. Rituale bezwecken es, die Glieder des Körpers in solchem Rhythmus und in harmonischer Weise zu bewegen, dass sie das Herz beeinflussen und dann auch die das Herz bewegenden Ideen bei den Zeremonien in Einklang mit dem Körper bringen.*" Ernst Bannerth, *Der Mensch im Islam: Neue Anthropologie*. Hrsg. von Hans-Georg Gadamer und Paul Vogler. 1.Teil (Philosophische Anthropologie). Bd. 6, Stuttgart 1975, S. 296.

15 *Berufung, Einführung, Verabschiedung:* Agende VI. Hrsg von der Vereinigten Evangelisch-Lutherischen Kirche Deutschlands (VELKD) und der Union Evangelischer Kirchen (UEK), Hannover 2012, S. 51.

16 Die Begräbnisformel stammt aus dem *Book Common Prayer. The Burial of the Dead*, London 1549, der Anglikanischen Kirche und lautet: *earth to earth, ashes to ashes, dust to dust*. Die Formel ist Mitte des 19. Jahrhunderts von der Evangelischen Kirche der Union (Preußen) übernommen worden.

17 Der heute in der Wirtschaft gängige Begriff *Ressourcen* als natürliche Produktionsmittel verweist sprachgeschichtlich im Französischen auf das lateinische Verb *resurgere*, das *wieder aufstehen, sich erheben, wieder erstehen* bedeutet.

18 Max Frisch, *Mein Name sei Gantenbein*, Stuttgart 1967, S. 119.

19 Jacob und Wilhelm Grimm, *Deutsches Wörterbuch*. Bd. 16, Leipzig 1854 ff., Sp.1719 f.

20 Martin Heidegger, *Sein und Zeit*, Tübingen 1953, S. 254.

21 Erich Kästner, *Die 13 Monate. Mit 13 Graphiken von Celestino Piatti*, München 1999. Hans Christian Andersen, Die Wochentage. Gesammelte Märchen und Erzählungen. 4 Bde., Jena 1909, S. 227-230.

22   Klaus Dirschauer, *Herzliches Beileid. Ein kleiner Knigge für Trauerfälle*, München ³2011.

23   Der Begriff *Kirchenjahr* ist zum ersten Mal 1589 von Pfarrer Johann Baumgarten gebraucht worden.

24   Die Evangelien Matthäus und Lukas überliefern die Kindheitsgeschichte Jesu. Lukas berichtet, dass Jesus am achten Tage beschnitten worden sei. Am Anfang der Evangelien stehen die Bußtaufe Johannes des Täufers und die Taufe Jesu.

25   Diese lauten für die Passionszeit vom Sonntag Invokavit bis zum Palmensonntag übersetzt: Invokavit: *Er ruft mich an.* Reminiscere: *Gedenke, Herr, an deine Barmherzigkeit.* Okuli: *Meine Augen sehen stets auf den Herrn.* Laetare: *Freuet euch mit Jerusalem.* Judika: *Schaffe mir Recht, Gott.* Palmarum: *Herr, sei nicht ferne.* Auch die Ostersonntage tragen klangvolle Namen mit aufforderndem Charakter: Quasimodogeniti: *Wie die neugeborenen Kinder.* Misericordias Domini: *Die Erde ist voll der Güte des Herrn.* Jubilate: *Jauchzet Gott.* Kantate: *Singet dem Herrn.* Rogate: *Betet ohne Unterlass.* Exaudi: *Höre, Herr, meine Stimme.*

26   Johann Wolfgang von Goethe, *Faust I (Vor dem Tor)*, Leipzig 1806.

27   Das II. Vatikanische Konzil vom 11.10.1962 bis 8.12.1965 in Rom wurde von Papst Johannes XXIII. einberufen und nach dessen Tod von Papst Paul VI. fortgesetzt. Es diente der pastoralen wie ökumenischen Erneuerung der katholischen Kirche.

28   Das hier in umgekehrter Reihenfolge gebrauchte Zitat stammt aus dem dritten Aufzug von Johann Wolfgang von Goethes Drama *Egmont* (1788).

29   Gerhard Schmolze, *Bruder der Völker der Welt.* In: Horst Nitschke (Hrsg.), Was fällt ihnen zu Weihnachten ein? Gütersloh 1974, S. 91-95.

30   Thomas Mann, *Die Buddenbrooks*, Berlin 1901. Heinrich Böll, *Nicht nur zur Weihnachtzeit*, Frankfurt am Main 1952.

31   Diese Phasen sind in Deutschland bekannt geworden durch die klinischen Untersuchungen der schweizerischen Psychiaterin Elisabeth Kübler-Ross in Illinois (USA) und durch ihr Buch, *Interviews mit Sterbenden* (1969), sowie durch die Untersuchungen amerikanischer Bestattungsriten im Zusammenhang der Habilitation des Frankfurter Theologen Yorick Spiegel, *Der Prozess des Trauerns* (1973).

32   Immer noch lesenswert: Martin Luther, *Ein Sermon von der Bereitung zum Sterben* (1519).

33   Marie Luise Kaschnitz, *Auferstehung.* Gesammelte Werke V, Frankfurt am Main 1985, S. 306.

34   Johann Wolfgang von Goethe, *Pfingsten, das liebliche Fest: Reineke Fuchs,*
      1794.

35   DVD *Luther (Eric Till,* 2003)

36   Zur Geschichte des Volkstrauertages siehe Klaus Dirschauer, *Der totgeschwie-
      gene Tod. Theologische Aspekte der kirchlichen Bestattung,* Bremen 1973, S. 41-
      48.

37   K. Tucholsky, *Wo waren Sie im Kriege, Herr –?* In: Gesammelte Werke. Bd. 4,
      Reinbeck bei Hamburg 1996, S. 388.

38   Vgl. Reichsgesetzblatt I, S. 199, 16. März 1934.

39   Klaus Dirschauer, *Altenstudie. Standortbestimmung der Kirche,* Bremen 1987, S.
      16-24.

40   Friedrich Wilhelm Kaulisch, *Wenn du noch eine Mutter hast,* o.O. 1870, S. 1 f.

41   Irmgard Weyrather, *Muttertag und Mutterkreuz. Der Kult um die „deutsche Mut-
      ter" im Nationalsozialismus,* Frankfurt am Main 1993, S. 18-39.

42   Band 8, S. 175.

43   Carl Zuckmayer, *Die Fastnachtsbeichte,* Frankfurt am Main 1959.

44   Andreas Finke, *Freie Theologen, freie Redner, freie Ritendesigner. Der neue Markt
      kirchenferner Riten.* In: Materialdienst des Evangelischen Zentrums für Weltan-
      schauungsfragen – Zeitschrift für Religions- und Weltanschauungsfragen, 67.
      Jg., Berlin 2004, S. 123-134. Klaus Dirschauer, *Mit Worten begraben: Traueran-
      sprachen entwerfen und gestalten,* Bremen 2012, S. 15-38.

45   Die Sitte des polnischen Papstes Johannes Paul II. dagegen, auf seinen Reisen nach
      der Landung des Flugzeugs immer zuerst die Erde des Landes zu küssen, ihrer
      ersten katholischen Einwohner zu gedenken und die Menschen zu segnen, kann
      zweifellos als ein Begrüßungsritual gegenüber seiner Gastgeber und ihres Landes
      aufgefasst werden.

46   Christian Morgenstern, *Werke und Briefe.* Kommentierte Ausgabe. Bd. III. Hu-
      moristik. Lyrik, Hrsg. von Maurice Cureau, Stuttgart 1999, S. 428.

47   Emanuel Geibel, *Werke.* Bd. 2, Leipzig/Wien 1918, S. 163.

48   Augustin, *Bekenntnisse. Lateinisch und Deutsch,* Frankfurt am Main 1987, VIII,
      5; Marcus Tullius Cicero, *Das höchste Gut und das schlimmste Übel,* München
      1960, 5, XXV.

49   Neil Armstrong (5.8.1930-25.8.2012), Edwin Aldrin (*20.1.1930)

50   Der Midrasch Kohelet, Hildesheim 1967, S. 81.

51   S. Freud, *Der Mann Moses und die monotheistische Religion,* Amsterdam 1939.

52 Vgl. Israel M. Lau, *Wie Juden leben,* Gütersloh ³1993, S. 298-310.

53 Hesiod, *Theogonie.* Griechisch/Deutsch. Übersetzt und hrsg. von Otto Schönberger, Stuttgart 1999, S. 755-766.

54 Die Beschneidung ist im Koran nicht ausdrücklich erwähnt. Sie wird wegen der Religionszugehörigkeit in der islamischen Tradition (Sunna) auf den Stammvater Abraham bezogen und empfohlen.

55 Vgl. Klaus Dirschauer, *Mit Worten begraben,* S. 91-112.

56 Für das Gebet sind die Kippa, die kleine Kopfbedeckung, die Gebetskapsel, Gebetsriemen, der Gebetsschal und -Mantel, das Gebetsbuch und die Gebetszeiten charakteristisch. Das Gebet und die Bibel haben ihren Sitz im Leben des jüdischen Alltags. Die Rituale erst geben dem Sabbat und den jüdischen Jahresfesten mit dem Gedenkcharakter der Geschichte, insbesondere dem Passa, ihre besondere Gestalt.

57 Die Sakramente sind: Taufe, Firmung, Eucharistie, Beichte, Krankensalbung, Priesterweihe, Ehe.

58 Es ist das liturgische Buch schlechthin, das für den Geistlichen im Priestergewand und für die Gemeinde alle vorgesehenen biblischen Texte und Gebete, Gesten und Gebräuche bei den kirchlichen Handlungen enthält.

59 K. Bornkamm/G. Ebeling (Hrsg.), *Ein Sermon von dem Gebet und Prozession in der Kreuzwoche:* Ausgewählte Schriften, Frankfurt am Main 1982, II, S. 7 ff.

60 EG: Der Kleine Katechismus Dr. Martin Luthers.

61 Paul Tillich, *Die Frage nach dem Unbedingten,* Stuttgart 1964.

62 Dazu sind ein paar Kirchengesangbücher (EG) aus der Kirchengemeinde auszuleihen und der ausgewählte Psalm im Wechsel zu lesen. Es kann auch vorher ein Liederzettel (DIN A 5) mit dem Ablauf ausgedruckt und verteilt werden.

63 Zu dem Stichwort gehören drei rechtlich wie theologisch geprägte Verben, die den eigentlichen Ritualhintergrund darstellen: *vergeben, versöhnen, sühnen.* Dabei ist zu beachten, dass nicht der *Sohn* sprachgeschichtlich mit der *Versöhnung,* wohl aber die *Sühne* verwandt ist. Die Vorsilbe (ver-) weist auf die Intensivform des Verbs hin. Das mittelhochdeutsche Wort *(suone > suona)* bedeutet: *Urteil, Gericht Versöhnung,* das Verb: *zur Sühne bringen, versöhnen, ausgleichen, einen Streit beilegen, einen Ersatz zahlen.*

64 Immanuel Kant, *Was ist Aufklärung?* Werke XI, Stuttgart 1964, S. 53.

65 *Homers Werke in zwei Bänden* übersetzt von Johann Heinrich Voß. Bd 1: Ilias 14, 231, Stuttgart 1801; vgl. auch Anmerkung 53.

Klaus Dirschauer
Mit Worten begraben: Traueransprachen entwerfen und gestalten
120 S., 19 Abb., Hardcover, 12,80 €
ISBN 978-3-943425-08-6

860 000 Menschen sind in Deutschland im Jahre 2011 verstorben – und mehr als ein Drittel von ihnen wurde nicht mehr kirchlich bestattet. „Mit Worten begraben" ist eine Fibel für den professionellen Trauerredner und solche, die es werden wollen oder in die Lage geraten, als Verwandter, Freund oder Arbeitskollege „Abschiedsworte" zu sprechen. Wer erfahren möchte, was trauernde Menschen bewegt, wie man sie angemessen begleitet und den Abschied sinnvoll gestaltet oder wie man als Betroffener besser mit seinem Zustand fertig wird, erhält wichtige Informationen und Anregungen. Auch für alle, die aus beruflichen Gründen in Verwaltungen oder eigenen Unternehmen mit Bestattungen zu tun haben, erweisen sich Klaus Dirschauers Darlegungen als bereichernde und bedeutende Quelle.

„Klaus Dirschauer thematisiert alle erdenklichen Fallstricke, Fettnäpfchen, Stilfragen und Unwägbarkeiten. In einem ständigen Dialog mit religiösen und kirchlichen Traditionen arbeitet der Autor die wesentlichen Komponenten der Trauersituation heraus. Besondere Aufmerksamkeit gilt handwerklichen und praktischen Fragen: Wie umschreibe ich das Wort „sterben"? Wie ermittle ich den Wochentag für jedes Datum von 1800 bis 2099. Welche Arten von Todesanzeigen gibt es und was ist ihnen zu entnehmen? Ein lesenswertes Buch, das sich nicht nur an Menschen wendet, die entweder gelegentlich oder auch professionell Traueransprachen halten wollen oder müssen."
– Ezzelino von Wedel, Journalist und Autor bei Radio Bremen

Donat ⬛ Verlag
Borgfelder Heerstr. 29 • 28357 Bremen-Borgfeld
Tel.: (0421) 17 33 107 • Fax: (0421) 27 51 06
E-Mail: info@donat-verlag.de • www.donat-verlag.de